Puentes

Cuaderno de actividades

Patti J. Marinelli

University of South Carolina

Lizette Mujica Laughlin

University of South Carolina

Elvira Swender

Syracuse University

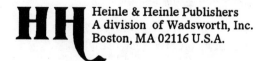

HH Heinle & Heinle Publishers
A division of Wadsworth, Inc.
Boston, MA 02116 U.S.A.

Acknowledgments:

Many people have contributed to the creation of this workbook. We would like to express our appreciation to the following individuals for their superior work and outstanding contributions.

We would like to recognize Carlos Davis, Editorial Director, and Kimberly Etheridge, Assistant Editor, for providing guidance and support in the development of this workbook.

We are indebted to Isabel Picado for her input into the revision process.

We are grateful to Christine Wilson, the project manager, for her meticulous work in coordinating the production of the workbook and the tapescript.

We appreciate the dedicated efforts of all of the people who participated in the production of this workbook: the proofreader Lois Poulin, the compositor NovoMac Enterprises, the artist Luis Tomás, the copyeditor Jo Hanna Kurth, the native reader María Saíz, the interior designer Margaret Tsao, and the cover designer Karol Klopp.

Finally, we would also like to thank Patrice Titterington, Production Manager, for overseeing the production of the entire project and especially for directing the taping of the audio program.

Credits and Permissions:

Page 2, U.S. Census form in Spanish, United States Government. / Page 5, Poem, "Si un niño...," anonymous work. / Page 18, PanAm advertisement, reprinted with permission by Editorial América, S.A. / Pages 20–21, "Vacaciones" article, reprinted from *Tú internacional*, Editorial América, S.A. / Page 26, "Excursión Costa Rica" advertisement from San Lorenzo Turismo, San José, Costa Rica. / Page 34, "La chica sandwich" article, reprinted with permission by Editorial América, S.A. / Page 39, World Almanac fact sheets on "Colombia" and "Venezuela" reprinted with permission by Editorial América, S.A. / Page 54, Placement from Wendy's Restaurant, reprinted with permission by Wendy's International. / Page 56, "La nueva pirámide alimentaria," reprinted with permission by the United States Department of Agriculture. / Page 57, "Coma inteligentemente ¡y viva más!" article, reprinted with permission by Editorial América, S.A. / Page 70, "¿Qué estudio?" article, reprinted with permission by Editorial América, S.A. / Page 74, "Las estatuas *(El gato de Cheshire),*" by Enrique Anderson Imbert, from Editorial Losada, Buenos Aires, Argentina. / Page 79, Registration/transfer of credits application, Universidad de Puerto Rico. / Page 90, "Cómo evitar el 'jet lag'" article, reprinted with permission by Editorial América, S.A. / Page 93, "Vive «tu gran aventura» en el extranjero" article reprinted from *Cosmopolitan en español*, Editorial América, S.A. / Page 107, "Historias de horror... ¡Gulp!" article, reprinted with permission from Editorial América, S.A. / Page 111, "El tiovivo," by Ana María Matute from *Los niños tontos*, Ediciones Destinos, S.A. / Page 119, "Tiempo de ocio" events/arts listing, reprinted from MIA–Marques de Villamagna, Madrid, Spain. / Page 126, "Las corbatas" article, reprinted with permission by Editorial América, S.A. / Page 129, "Me descubrieron robando" article, reprinted with permission by Editorial América, S.A. / Page 136, "Regalos con amor" article, reprinted with permission by *Más revista*./ Page 147, "Examenofobia" article, reprinted with permission by Editorial América, S.A. / Page 150, "Los dos reyes y los dos laberintos" from El Aleph, Emecé Editores, Buenos Aires, Argentina.

Manufactured in the United States of America
ISBN 0-8384-4298-6

Heinle & Heinle Publishers is a division of Wadsworth, Inc.

10 9 8 7 6 5 4 3 2

Índice de materias

Si un niño vive criticado
    aprende a condenar
Si un niño vive con hostilidad
    aprende a pelear°   *to fight*
Si un niño vive avergonzado°   *ashamed*
    aprende a sentirse culpable°   *to feel guilty*
Si un niño vive con tolerancia
    aprende a ser tolerante
Si un niño vive con estímulo
    aprende a confiar°   *to trust*
Si un niño vive apreciado
    aprende a apreciar
Si un niño vive con equidad
    aprende a ser justo
Si un niño vive con seguridad
    aprende a tener fe
Si un niño vive con aprobación
    aprende a quererse°   *to love oneself*
Si un niño vive con aceptación y amistad° *friendship*
    aprende a hallar° amor en el mundo. *to find*

Comprensión

¿Reconoces el poema? ¿Cuáles son algunas de las circunstancias que afectan a los niños? Contesta, en inglés, las preguntas a continuación.

1. According to the poem, how does a child's family environment affect his or her character development and behavior?

    _____

    _____

2. What characteristic might one expect to see in a child who is highly criticized?

    _____

    _____

3. What kind of environment produces children who fight?

    _____

    _____

4. According to the poem, what are some of the advantages of a childhood filled with acceptance and friendship?

    _____

    _____

5. Is there any particular part of the poem with which you strongly agree? Write below, in Spanish, that particular part of the poem.

_____

_____

Explain, in English, why you agree strongly.

_____

_____

Después de leer

¿Te identificas con una de las ideas expresadas? ¿Qué ideas tienes tú sobre los niños y la niñez? Escribe tu propia (*your own*) versión del poema con palabras originales. Usa un diccionario para encontrar las palabras que necesitas. Luego, compara tus versos originales con los versos de tus compañeros. Combinen sus versos para crear un poema nuevo.

Si un niño vive con _____

aprende a _____

Si un niño vive con _____

aprende a _____

Si un niño vive con _____

aprende a _____

Escribamos un poco

Paso 1

A. Dos entrevistas. Escribe las preguntas que faltan (*are missing*) de las siguientes entrevistas.

Entrevista 1: Un reportero del periódico universitario habla con un estudiante.

1. ¿_____?
   Gustavo Antonio.

2. ¿_____?
   García Muñoz.

3. ¿_____?
   Tengo 20 años.

Cuaderno de actividades

CAPÍTULO 1

¡Así somos!

En blanco y negro

A. El censo de 1990

Cada diez años, el gobierno de los Estados Unidos organiza un censo (*census*) para tener información sobre (*about*) sus residentes. Para los que hablan español, el gobierno usa formularios escritos (*forms which are written*) en español.

Antes de leer

Además de (*In addition to*) preguntas sobre el nombre y la dirección, ¿qué otra información se debe preguntar (*should be asked*) en un censo? Escribe tu lista a continuación.

1. *el nombre* _____
2. *la dirección* _____
3. _____
4. _____
5. _____
6. _____
7. _____

Ahora, compara tu lista con las categorías en el formulario. ¿Cuántas preguntas corresponden con las de tu lista?

Comprensión

Ahora lee el formulario en la página 2 y contesta las preguntas.

	PERSONA 1	PERSONA 2
Por favor, llene UNA columna → para cada persona anotada en la Pregunta 1a en la página 1.	**Apellido** **Nombre** _____ Inicial	**Apellido** **Nombre** _____ Inicial

2. ¿Qué parentesco tiene esta persona con la PERSONA 1?

Llene UN círculo para cada persona.

Si marca el círculo **Otro pariente** de la persona en la columna 1, anote el parentesco exacto tal como suegra, abuelo(a), yerno, sobrina, primo(a), etc.

PERSONA 1: COMIENCE en esta columna con el miembro del hogar (o uno de los miembros) en cuyo nombre se ha comprado, o se está comprando o alquilando la vivienda.

Si no existe tal persona, comience con cualquier persona adulta miembro del hogar.

■

PERSONA 2:

Si es PARIENTE de la Persona 1:
- ○ Esposo/esposa
- ○ Hijo/hija (inclusive adoptados) ■
- ○ Hijastro/hijastra
- ○ Hermano/hermana
- ○ Padre/madre
- ○ Nieto/nieta
- ○ Otro pariente ⌐

Si NO ES PARIENTE de la Persona 1:
- ○ Huésped, pupilo(a), o hijo(a) de crianza
- ○ Compañero(a) de casa o cuarto
- ○ Socio(a) no casado(a)
- ○ Otro(a) no emparentado(a)

3. Sexo
Llene UN círculo para cada persona.

PERSONA 1: ○ Masculino ○ Femenino
PERSONA 2: ○ Masculino ○ Femenino

4. Grupo racial

Llene UN círculo para el grupo racial con el cual la persona se identifica más estrechamente.

Si marca **Indio (Amer.)**, escriba el nombre de la tribu de inscripción o tribu principal. →

Si marca **Otro Asiático o de una Isla del Pacífico**, anote un grupo, por ejemplo: hmong, fidjiano, laosiano, tai, tongano, pakistaní, camboyano, etc. →

Si marca **Otro grupo racial**, anote el grupo. →

PERSONA 1:
- ○ Blanco
- ○ Negro
- ○ Indio (Amer.) (Escriba el nombre de la tribu de inscripción o tribu principal) ⌐
- ○ Esquimal
- ○ Aleuta

Asiático o de una Isla del Pacífico (AIP)
- ○ Chino
- ○ Filipino ■
- ○ Hawaiano
- ○ Coreano
- ○ Vietnamés
- ○ Japonés
- ○ Indio Asiático
- ○ Samoano
- ○ Guameño
- ○ Otro AIP ⌐
- ○ Otro grupo racial (Escriba el grupo) ⌐

PERSONA 2:
- ○ Blanco
- ○ Negro
- ○ Indio (Amer.) (Escriba el nombre de la tribu de inscripción o tribu principal) ⌐
- ○ Esquimal
- ○ Aleuta

Asiático o de una Isla del Pacífico (AIP)
- ○ Chino
- ○ Filipino ■
- ○ Hawaiano
- ○ Coreano
- ○ Vietnamés
- ○ Japonés
- ○ Indio Asiático
- ○ Samoano
- ○ Guameño
- ○ Otro AIP ⌐
- ○ Otro grupo racial (Escriba el grupo) ⌐

5. Edad y año de nacimiento

a. Escriba la edad cumplida de cada persona. Llene el círculo correspondiente debajo de cada casilla.

b. Escriba el año de nacimiento de cada persona y llene el círculo correspondiente debajo de cada casilla.

PERSONA 1:

a. Edad		b. Año de nacimiento	
0 0	0 0	0 0	0 0
1 0	1 0	1 ● 8 0 0 0 0 0	
		9 0 1 0 1 0	
2 ○	2 ○	2 0 2 0	
3 0	3 0	3 0 3 0	
4 0	4 0	4 0 4 0	
5 0	5 0	5 0 5 0	
6 0	6 0	6 0 6 0	
7 0	7 0	7 0 7 0	
8 0	8 0	8 0 8 0	
9 0	9 0	9 0 9 0	

PERSONA 2:

a. Edad		b. Año de nacimiento	
0 0	0 0	0 0	0 0
1 0	1 0	1 ● 8 0 0 0 0 0	
		9 0 1 0 1 0	
2 0	2 0	2 0 2 0	
3 0	3 0	3 0 3 0	
4 0	4 0	4 0 4 0	
5 0	5 0	5 0 5 0	
6 0	6 0	6 0 6 0	
7 0	7 0	7 0 7 0	
8 0	8 0	8 0 8 0	
9 0	9 0	9 0 9 0	

6. Estado civil

Llene UN círculo para cada persona.

PERSONA 1:
- ○ Actualmente casado(a)
- ○ Viudo(a)
- ○ Divorciado(a)
- ○ Separado(a)
- ○ Nunca se ha casado

PERSONA 2:
- ○ Actualmente casado(a)
- ○ Viudo(a)
- ○ Divorciado(a)
- ○ Separado(a)
- ○ Nunca se ha casado

7. ¿Es esta persona de origen español/hispano?

Llene UN círculo para cada persona.

Si marca **Sí, otro origen español/hispano**, anote el grupo. →

PERSONA 1:
- ○ No, (ni español, ni hispano)
- ○ Sí, mexicano, mexicano-americano, chicano
- ○ Sí, puertorriqueño ■
- ○ Sí, cubano
- ○ Sí, otro origen español/hispano (Escriba el grupo, por ejemplo: argentino, colombiano, dominicano, nicaragüense, salvadoreño, español, etc.) ⌐

PERSONA 2:
- ○ No, (ni español, ni hispano)
- ○ Sí, mexicano, mexicano-americano, chicano
- ○ Sí, puertorriqueño
- ○ Sí, cubano
- ○ Sí, otro origen español/hispano (Escriba el grupo, por ejemplo: argentino, colombiano, dominicano, nicaragüense, salvadoreño, español, etc.) ⌐

PARA USO DEL CENSO →

PERSONA 1: ○ ○
PERSONA 2: ○ ○

1. En el formulario hay muchas palabras en español que son similares a palabras en inglés. Escribe una lista de estas palabras en español con su equivalente en inglés.

Español	Inglés
Una columna	*Column*
_____	_____
_____	_____
_____	_____
_____	_____
_____	_____

2. En español hay "familias" de palabras. A veces es posible adivinar el significado (*guess the meaning*) de una palabra porque reconoces (*you recognize*) otra palabra relacionada. Fíjate en el número 2 del formulario y adivina el significado de estas palabras.

pariente	*relative*
parentesco	_____
no emparentado	_____
hijo / hija	*son/daughter*
hijastro / hijastra	_____

3. A veces los elementos visuales te ayudan (*help you*) a comprender. Fíjate en el número 5 del formulario y trata de (*try to*) adivinar el significado en inglés de la siguiente frase: "Llene el círculo correspondiente debajo de cada casilla".

_____

4. ¿Cuál de las opciones para "Estado civil" mejor describe tu situación? _____

5. En las categorías número 4 y número 7 del formulario se pregunta sobre el origen de la persona. Basada en la información en el formulario, ¿cuál es la nacionalidad de una persona de los países mencionados a continuación?

País	Nacionalidad
México	*mexicano*
Cuba	_____
Puerto Rico	_____
China	_____
El Salvador	_____

País	Nacionalidad
República Dominicana	_____
Nicaragua	_____
España	_____
Japón	_____

Después de leer

Imagínate que necesitas completar el formulario para ti y para uno de tus parientes. Responde a las preguntas para la persona 1 y la persona 2. ¿Con qué persona te identificas tú? Luego, con tus compañeros de clase escriban sus respuestas en la pizarra según (*according to*) las diferentes categorías y comenten (*discuss*) la información. ¿Qué conclusiones son evidentes de sus respuestas? Entre (*Among*) sus compañeros de clase, ¿hay mucha variedad de edad, de estado civil y de grupo étnico? Escribe tus comentarios a continuación.

_____

_____

_____

_____

_____

B. Los niños aprenden lo que viven

Este poema popular, cuyo autor es anónimo, habla en términos sencillos (*simple terms*) de las necesidades de todos los niños del mundo.

Antes de leer

Todos tenemos recuerdos (*memories*) positivos y negativos de la niñez (*childhood*). De las palabras de la lista, ¿cuáles asocias con recuerdos positivos y cuáles con recuerdos negativos? Marca tu respuesta con una X. ¡Ojo! Todas las palabras son cognados (*cognates*) del inglés. Después de completar esta actividad, lee el poema y completa el ejercicio de comprensión.

Palabras	Recuerdos positivos	Recuerdos negativos
criticar		
equidad		
seguridad		
apreciar		
condenar		
ser justo		
hostilidad		
tolerancia		
aceptación		

4. ¿_____?
Nací en Bucaramanga, Colombia.

Entrevista 2: Una secretaria necesita información de un nuevo profesor.

1. ¿_____?
Muy bien gracias, ¿y usted?

2. ¿_____?
En la calle Main, 105.

3. ¿_____?
Es el 319-99-42.

4. ¿_____?
Sí, mi esposa (*wife*) se llama Beatriz.

B. ¿Cómo están? ¿Por qué? Usa una de las expresiones con *estar* para describir cómo están estas personas. Escoge una frase de la lista que explique por qué están así. Combina todo en una oración completa. Sigue el modelo.

¿Por qué?

el examen es muy difícil
no tiene teléfono
su familia está en México
las notas (*grades*) están muy buenas
son hermanas

hay tanto (*so much*) trabajo que hacer
su temperatura es de 103 grados F
enseña (*he teaches*) muchas clases
no está casada

Modelo

Luisito está triste porque su familia está en México.

mis compañeros de clase y yo

_____

_____

Otilia

_____

_____

El Profesor Moreno

_____

_____

La señorita Salcedo

_____

_____

Marisol y Francesca

_____

_____

Paso 2

A. Mi familia.   Contesta las preguntas sobre tu familia. Es necesario usar oraciones completas para contestar.

1. ¿De dónde es tu familia originalmente?

_____

2. Actualmente (*Presently*) ¿dónde viven tus padres?

_____

3. ¿En qué calle está la casa de ustedes? ¿Cuál es el teléfono de ustedes?

_____

_____

4. ¿Tienes hermanos? ¿Cómo se llaman? ¿Cuántos años tienen ellos?

_____

_____

_____

5. ¿Son estudiantes tus hermanos? ¿Dónde estudian ellos?

_____

_____

6. ¿Están casados tus hermanos? ¿Cómo se llaman sus esposos / esposas?

_____

_____

B. Presentaciones. El mensajero (*newsletter*) del Club de Español publica una breve presentación de los nuevos oficiales del club. Usa la información para escribir un párrafo (*paragraph*) de presentación para los oficiales.

Nombre:	Lena
Apellidos:	Santillana Navarro
Edad:	22
Estado civil:	soltera
Familia:	madre (49 años), padre (53 años), dos hermanas (19 años, 14 años)
País de origen:	España
Dirección local:	Residencia Flint, número 304

Nuestra nueva presidenta se llama _____

_____

_____

_____

_____

```
Nombre:          Alberto
Apellidos:       Pérez Solis
Edad:            37
Estado civil:    casado
Familia:         esposa (35 años), tres hijas (11, 8, 3 años)
País de origen:  Nicaragua
Dirección local: Avenida Norte, 25
```

El nuevo secretario del Club es _____

_____

_____

_____

_____

```
Nombre:          Laura
Apellidos:       Dallman Toledo
Edad:            26
Estado civil:    casada
Familia:         esposo (30 años), madre (57 años), hermano (19 años)
País de origen:  Argentina
Dirección local: calle del Oriente, 119
```

Es un placer presentar a nuestra tesorera (*treasurer*) _____

_____

_____

_____

_____

_____

Ahora, escribe un párrafo presentándote a ti mismo (*introducing yourself*). Primero, llena tu propia
(*your own*) información en los espacios en blanco. Después (*Afterwards*) escribe el párrafo.

Nombre: _____   Familia: _____

Apellidos: _____   País de origen: _____

Edad: _____   Dirección local: _____

Estado civil: _____

_____

_____

_____

_____

Paso 3

A. ¿Con qué frecuencia?   Entrevista (*Interview*) a tres o cuatro amigos para determinar cómo pasan su tiempo libre y con qué frecuencia participan en sus actividades favoritas. Usa las expresiones a continuación.

todos los días	*every day*
mucho	*a lot*
a menudo	*often*
frecuentemente	*frequently*
una vez a la semana / al mes	*once a week/month*
a veces	*sometimes*
poco	*rarely*
nunca	*never*

Modelo

(tú) ¿Cuál es tu actividad favorita?
(Luis) Me gusta practicar el fútbol.
(tú) ¿Con qué frecuencia practicas?
(Luis) Practico todos los días.

Apunta (*Jot down*) la información a continuación.

Nombre	Actividad	Frecuencia
Luis	*practicar el fútbol*	*todos los días*

Con la información de tu encuesta (*survey*), escribe un párrafo que resuma (*sums up*) las actividades de tus amigos. Usa *y*, *pero* y *porque* para conectar tus oraciones.

Tengo unos amigos muy interesantes. Participan en muchas actividades diferentes.

_____

_____

_____

_____

_____

_____

_____

_____

_____

_____

_____

_____

_____

_____

_____

_____

B. Los opuestos se atraen. (*Opposites attract.*)   Felipe y Manolo son compañeros de cuarto (*roommates*) pero son completamente opuestos. Completa las frases de Felipe para describir las diferencias entre los dos.

Fíjate, Manolo y yo somos totalmente diferentes.

1. Yo estudio muy poco pero Manolo _____

2. Yo aprendo francés pero Manolo _____

3. Yo leo novelas de misterio pero Manolo _____

4. Yo miro la televisión pero Manolo _____

5. Yo practico el basquetbol pero Manolo _____

6. Yo escribo muchas cartas a mi familia pero Manolo _____

7. Yo trabajo con computadoras pero Manolo _____

8. Yo tomo café pero Manolo _____

Todo oídos

TODO OÍDOS is the listening section for the *Puentes Cuaderno de Actividades*. This section includes both listening comprehension and pronunciation exercises. You will find these activities at the end of each of the textbook chapter exercises on the student tape. Before listening to each taped activity, be sure to read carefully the corresponding instructions in this *Cuaderno*. (Sometimes there are additional written instructions for these listening exercises which do not apppear on the tape.)

La emisora de radio WSEC 104.5 les presenta...

"Punto de encuentro". En este programa, varios radioyentes en busca de romance se describen a sí mismos y hablan de las cualidades que quieren en su pareja. Imagínate que decides tratar de encontrarles un buen partido (*a good match*) a tu primo, Rafael, y a tu hermana, Sofía. Antes de escuchar los comentarios, lee la información sobre Rafael y Sofía. Luego, completa la tabla con las letras que le corresponden a la información correcta de los datos personales de los participantes y de lo que desean en sus relaciones. En algunos casos, tienes que escribir otras características de los radioyentes. Finalmente, escoge el mejor partido para Rafael y Sofía.

Participante	Profesión	Edad	Soy	Características de mi pareja (*mate*)
Marinera	secretaria	30		
Romeo	mecánico	42		
Jimena	sicóloga	40		
Adán	presidente	35		

a. activo/a	f. cubano/a	k. inteligente	p. simpático/a
b. amable	g. culto/a	l. mexicano/a	q. soltero/a
c. atlético/a	h. divertido/a	m. profesional	r. venezolano/a
d. atractivo/a	i. divorciado/a	n. responsable	s. viudo/a
e. bonito/a	j. estable	o. romántico/a	

Rafael
artista   inteligente
45 años   sensible
divorciado

Tu recomendación: _____

_____

Sofía
veterinaria   soltera
36 años   le gustan los niños
deportista

Tu recomendación: _____

_____

La pronunciación

A. Las vocales. The five vowels in Spanish are represented by the letters *a, e, i, o, u*. They follow a simple, but rigid, sound system. Read the models, then listen as they are pronounced, and repeat each one.

In order to avoid interference from the English sound system, remember the English schwa (ə) sound does not exist in Spanish. The schwa causes most unstressed vowels to become lazy (like *a* in English *sofa* instead of pure *a* in Spanish *sofá*). Spanish vowels instead have a short, crisp, and clear sound.

A	sounds like the *a* in English *father*	**Ana**
E	sounds like the *e* in *let*	**Ester**
I	sounds like the *i* in *machine*	**Silvia**
O	sounds like the *o* in *go*	**Otto**
U	sounds like the *u* in *rude*	**Hugo**

B. Más práctica con las vocales. Here are some single syllable words that practice the vowels. Say them aloud, listen to them, and repeat each one. Remember to avoid the schwa (ə).

da   te   sin   tos   su

Now, here are some words that are cognates, words that are similar in spelling and meaning in both languages. Practice saying them aloud, listen to them as they are pronounced, and repeat each one. Avoid the schwa!

adorable   canal   paternal   Caracas   Colorado

C. Los sonidos. Because native speakers of Spanish link sounds together between words when speaking to each other, students of Spanish sometimes comment on how fast they sound. This natural linking occurs in normal conversational speech between the final sound of a word and the beginning sound of the word that follows. In particular, vowels will link without pauses.

In order to practice the linking of vowels with other vowels and consonants, first read the following sentences aloud, listen to them, and repeat each one.

Soy Ana␣Alicia␣Alonso.

Enrique␣estudia␣arte.

Rosa␣aprende␣inglés.

D. Los nombres. You will now hear some common names pronounced in Spanish. As you hear each name, record in the spaces only the vowels used in the names in the order in which they appear in the name. Then, say the vowels out loud. Finally, say the name again.

Modelo

(you hear) Mar**í**a

(you write) *a, í, a*

1. _ n _ s t _ s _ _

2. T _ m _ t _ _

3. J _ s _ f _ n _

4. G _ _ d _ l _ p _

Repasemos

A. Las compras por correo. Escribe las cantidades mencionadas en español.

1. Para la camisa de seda mando un cheque por $75.99 (_____

   _____ dólares, _____

   centavos).

2. Para los zapatos de tenis mando un cheque por $118.30 (_____

   _____ dólares,_____ centavos).

3. Para el vídeo de Gloria Estefan mando un cheque por $15.64 (_____

   _____ dólares,_____ centavos).

4. Para los discos compactos mando un cheque por $155.63 (_____

   _____ dólares,_____ centavos).

5. Para una colección de cuentos cortos mando $27.10 (_____

   _____ dólares,_____ centavos).

B. Conversaciones. Completa los diálogos escogiendo la palabra que falta de la lista a continuación.

   yo, tú, usted, él, ella, nosotros, ustedes, ellos, ellas; mi(s), tu(s), su(s), nuestro(a)(os)(as)

Número 1

   Marta: _____ necesito más información para preparar _____ informe.

             ¿Qué sabes _____ de la candidata, María Rodríguez?

   Silvina: A ver… María es de Costa Rica pero ahora vive con _____ hijo en la calle

             Mérida. _____ teléfono es 423-6534. _____ es profesora. Es

             muy popular con _____ estudiantes.

Número 2

   Madre: ¿Gloria Escalante y Ramón López? Son tus amigos, ¿no?

   Hija: ¡Claro que sí! _____ son _____ mejores (*best*) amigos. Viven

             ahora en una residencia estudiantil porque _____ familias están en Puerto Rico.

Número 3

Carlos: Y tú y tu esposa, ¿cómo están _____ ?

Mauricio: Bien, muy bien. _____ estamos contentos aquí (*here*). _____ casa

tiene suficiente espacio (*space*) para _____ tres hijos y los amigos de

_____ .

C. Manolito.   Completa la historia de Manolito. Hay que escoger entre los verbos a continuación. Puedes usar cada verbo más de una vez. Escribe el verbo en el tiempo presente.

aprender	*asistir*	*escribir*	*estar*	*hablar*
leer	*practicar*	*ser*	*tener*	*vivir*

Yo _____ Manolito y _____ cinco años. Por primera vez (*first time*)

yo _____ a la escuela. En mi clase, mis compañeros de clase y yo

_____ a hablar inglés. Nosotros _____ nuestras lecciones todos los

días. Nuestra maestra _____ la señorita Rulfo. Ella _____ libros

durante el tiempo libre. Elenita Morales _____ en mi clase. Elenita y yo

_____ en la misma (*the same*) calle y _____ muy buenos amigos.

D. En la entrevista.   A continuación están las respuestas que apuntaste (*you jotted down*) durante una entrevista con la nueva presidenta del gobierno estudiantil. Escribe las preguntas.

1. ¿_____?
   Cecilia Ramos Colón

2. ¿_____?
   Originalmente soy de Guadalajara, México.

3. ¿_____?
   Sí, tengo dos hermanas. Una es estudiante y una trabaja en un hospital.

4. ¿_____?
   Este semestre, inglés, alemán, historia de los Estados Unidos y filosofía.

5. ¿_____?
   La de inglés y la de historia son mis favoritas.

6. ¿_____?
   En una residencia estudiantil.

7. ¿_____?
   En mi tiempo libre practico el tenis o voy a fiestas con mis amigos.

8. ¿_____?
   Mi favorita es jazz.

CAPÍTULO 2

¡De viaje!

En blanco y negro

A. Pan Am

Aquí tienes un anuncio de Pan Am, la vieja (*former*) línea aérea. Léelo y completa los ejercicios.

Antes de leer

Cuando viajas en avión, ¿qué es lo más importante para ti? Lee la lista que sigue e indica cuáles son los seis factores más importantes para ti. Escribe los números de uno a seis para indicar tus preferencias. Después, lee el anuncio y completa el ejercicio de comprensión.

_____ a. el precio del boleto

_____ b. asientos (*seats*) amplios y confortables

_____ c. un programa para viajeros frecuentes

_____ d. buen servicio

_____ e. la reputación de no perder (*lose*) las maletas

_____ f. un vuelo directo, sin escalas (*without stopovers*)

_____ g. comida buena

_____ h. un(a) piloto con mucha experiencia

_____ i. un aeropuerto sin (*without*) mucho tráfico

_____ j. una sección especial para viajeros de negocios

Comprensión

1. ¿En qué orden se mencionan estos aspectos? Escribe los números de uno a diez.

_____ a. more destinations in Latin America than other airlines

_____ b. a special section for business travelers

_____ c. a frequent flyer program

_____ d. select wines and delicious meals

_____ e. more non-stop flights

_____ f. more large aircraft

_____ g. a more luxurious first class

_____ h. only six seats per row

_____ i. free upgrades or free tickets

_____ j. three choices of departure cities in the United States

Más Latinoamérica desde cualquier punto de vista.

Buenos Aires, Caracas, Guatemala, Guayaquil, Maracaibo, México, Montevideo, Panamá, Puerto Plata, Rio de Janeiro, San José, Santiago, Santo Domingo, São Paulo.

Para ir a Latinoamérica, por negocios o por placer, no hay línea aérea que tenga más que ofrecerle que Pan Am.

Más ciudades latinoamericanas, con más aviones 747 que ninguna otra línea aérea.

Más vuelos sin escala. Desde Miami, Nueva York y Los Ángeles.

Más lujo. En nuestra primerísima Primera Clase. Con vinos selectos y deliciosas comidas. Además, comodísimos asientos Sleeperette® de cuero mullido y piel de oveja.

Más comfort. En nuestra incomparable Clase Clipper,® para todo el que viaja por negocio. Con elegantes asientos colocados sólo seis por fila, para una mayor amplitud al trabajar o descansar.

Y más. Como el WorldPass,® nuestro dinámico programa de bonificación por millaje para viajeros frecuentes, con valiosos premios como mejoras en la clase que vuela o boletos para viajar gratis.

Escoja su destino en Latinoamérica y deje que Pan Am le lleve.

¡No faltaba más!

PAN AM

2. De los seis factores importantes que indicaste en *Antes de leer*, ¿cuáles están mencionados en este anuncio? Escribe los factores mencionados aquí.

_____

_____

_____

Después de leer

¿Conoces bien la geografía de Centroamérica y Sudamérica? Con tu compañero(a) de clase, examina el mapa. Indica en qué país está cada uno de los destinos de Pan Am.

Modelo

Caracas está en Venezuela.

B. Vacaciones felices

El siguiente artículo de la revista *Tú internacional* tiene buenos consejos (*advice*) para los viajeros. Lee el artículo y completa los ejercicios.

Antes de leer

Cuando viajas, ¿qué llevas contigo (*take along*)? ¿Qué cosas (*things*) son las más esenciales para ti? Escribe aquí una lista de las seis cosas más importantes para ti. Después, lee el artículo y completa el ejercicio de comprensión.

Modelo

mi pasaporte

dinero o tarjeta de crédito

medicina para mis alergias

VACACIONES

a. Tu pasaporte es lo primero que debes tener al día. No esperes al último minuto para verificar su fecha de expiración, porque podrías perder el avión. Mantenlo en un lugar seguro. Llévalo en tu bolso de mano, con tus boletos de viaje y el resto de tu documentación. Recuerda que ésa será tu única "garantía" en el país que vas de vacaciones.

b. Asegúrate de llevar dinero suficiente para tu estadía. Lo ideal es comprar cheques de viajero, para estar cubierta ante cualquier emergencia o robo. Si el país adonde vas tiene diferente moneda, no hagas efectivo todo tu dinero. Cámbialo poco a poco, según lo necesites. Si sales de excursión, no camines con toda la plata. Guárdala en la caja de seguridad del hotel o en un lugar secreto.

c. Recuerda que te vas de vacaciones a un país extraño y no sabes lo que puede ocurrir. Si estás tomando alguna medicina, llévala contigo. En otros lugares el agua, el clima, etc. varían y puedes enfermarte. Prepara un pequeño botiquín de primeros auxilios con aspirinas, medicamentos para el mareo y para el estómago. Tan pronto llegues al hotel, pregunta los teléfonos de la policía y de algún hospital. Estos documentos debes llevarlos siempre junto a tu identificación.

d. Recuerda que te vas de vacaciones a un país extraño y no sabes lo que puede ocurrir. Si estás tomando alguna medicina, llévala contigo. En otros lugares el agua, el clima, etc. varían y puedes enfermarte. Prepara un pequeño botiquín de primeros auxilios con aspirinas, medicamentos para el mareo y para el estómago. Tan pronto llegues al hotel, pregunta los teléfonos de la policía y de algún hospital. Estos documentos debes llevarlos siempre junto a tu identificación.

VACACIONES
VACACIONES
VACACIONES
VACACIONES

Comprensión

Este ejercicio tiene dos partes. Primero, tienes que indicar si la información está en la sección *a*, *b*, *c* o *d*. Después, tienes que decidir si la información es cierta o falsa. Escribe **sí** si la información es cierta. Escribe **no** si la información es falsa o si la información no está mencionada en el artículo.

Sección	¿Sí o no?	
		1. The very first thing you should check before traveling abroad is your passport.
		2. Carrying credit cards is your best insurance against emergencies and theft.
		3. Take along prescriptions if you take medicine on a regular basis.
		4. You will save money by not staying in hotels in the center of the city.
		5. Be sure to take along enough money for your entire stay.
		6. You should keep your passport and your plane tickets in separate places to avoid the possibility of losing both at the same time.
		7. Changes in climate and water can bring on illnesses.
		8. You can often sign up for tours at your hotel instead of having to go to a travel agency.
		9. Don't carry along all your money with you; hide some of it in your hotel room or in the hotel's safe-deposit box.
		10. When traveling with a friend, it is less expensive to share a double room than to rent two single rooms.

Después de leer

Imagínate que vas a hacer un viaje al Ecuador. Piensas explorar los altos picos de los Andes y también las regiones amazónicas. ¿Qué necesitas hacer antes de tu viaje? Trabaja con tu compañero(a) de clase y escribe una lista de las cosas que quieres hacer.

✓ verificar la fecha de expiración de mi pasaporte

_____

_____

_____

_____

_____

_____

_____

_____

_____

_____

Escribamos un poco

Paso 1

A. En el vuelo a Lima. Estás en un vuelo de Miami a Lima. A tu lado (*Next to you*) está la Srta. Carmen García. Ella regresa a su ciudad, Lima. Usa tu imaginación para completar la conversación.

Carmen: Perdón, ¿podría usted decirme qué hora es?

Tú: _____

Carmen: ¿Sabe a qué hora llegamos a Lima?

Tú: _____

Carmen: Gracias. Estoy un poco nerviosa. Mi nombre es Carmen García y vivo en Lima. ¿De dónde es usted?

Tú: _____

Carmen: ¿Piensa usted pasar mucho tiempo en Lima?

Tú: _____.

¿ _____?

Carmen: Sí, soy estudiante en la Universidad Nacional.

Tú: ¿ _____?

Carmen: Los lunes, miércoles y jueves tengo todas mis clases.

Tú: ¿ _____?

Carmen: Prefiero estudiar en mi casa.

Tú: ¿ _____?

Carmen: Sí, mi esposo se llama Alberto.

B. De viaje con la Agencia Turi-mundo.   Carmen Vigo quiere viajar de Madrid a Buenos Aires, Argentina a visitar a su familia. Ella prefiere arreglar el viaje con el señor Acosta, agente de viajes de la agencia, Turi-mundo. Escribe las notitas que se escriben (*they write to each other*) para finalizar los planes.

20 de abril

Estimada Srta. Vigo:

Atentamente,

Lorenzo Acosta

25 de abril

_____ :

_____

_____

TURI-MUNDO

vuelo confirmado/
17 de junio
aeropuerto
internacional
llegar/Buenos Aires
17:30h/90,000 pesetas
ida y vuelta
VISA/MASTERCARD
en efectivo

30 de abril

_____:

_____,

_____

Paso 2

A. En las vacaciones. ¿Cuáles son tus preferencias para las vacaciones? Escoge (*Choose*) entre las dos opciones y completa las frases a continuación.

1. Voy de vacaciones en (diciembre / agosto) porque _____

   _____

2. Prefiero ir a (Europa / Arizona) porque _____

   _____

3. Me gusta más viajar en (tren / avión) porque _____

   _____

4. Quisiera un hotel (con piscina / en la playa) porque _____

   _____

5. Prefiero una habitación (sencilla / doble) porque _____

   _____

6. Voy a (hacer un tour / tomar el sol) porque _____

_____

7. Por las noches quiero (bailar en los clubes / ver una obra de teatro) porque _____

_____

8. Prefiero usar (tarjeta de crédito / cheques de viajero) porque _____

_____

 Phrases/Functions: Planning a vacation; writing a letter (informal)
Vocabulary: Traveling

B. Un viaje a Costa Rica. El anuncio que ves aquí te ha convencido (*has convinced you*). Este verano vas a pasar las vacaciones en Costa Rica. Lee el anuncio y después escríbele a un(a) amigo(a) una carta en la que hables de tus planes para el verano. Tienes que usar expresiones como: *voy a, quisiera, prefiero, quiero.*

Excursión a Costa Rica

¡El país de la eterna primavera!

15 días y 14 noches bajo el sol tropical.

Acampar en las montañas, pescar, visitar los volcanes o las playas de Guanacaste, famosa por su clima cálido y su belleza.

Ocho días en la capital.
Visitar el Teatro Nacional, museos, restaurantes nacionales e internacionales, discotecas y mucho más.

- Hotel con piscina.

- Habitaciones sencillas y dobles; baño privado.

- Incluye vuelo de ida y vuelta directo a San José.

- ¡Una verdadera ganga!

- ¡No pierdas esta oportunidad!

San Lorenzo Turismo.
Llame hoy al 21-83-98.

¡TODO POR EL INCREÍBLE PRECIO DE $2.000!

_____
(fecha)

_____,
(saludo)

    Te escribo con muy buenas noticias. El mes próximo voy a viajar a Costa Rica. Estoy muy emocionada, pero tengo mucho que hacer. Esta semana _____

_____

_____

_____

    En dos semanas _____

_____

_____

_____

    Cuando estemos en el campo _____

_____

_____

    En San José, la capital _____

_____

_____

    Te mando una tarjeta postal.

_____
(despedida)

Todo oídos

La emisora de radio WSEC 104.5 les presenta... .

"La hora tropical". Escucha el fragmento del programa "La hora tropical" que se dedica a los asuntos de gran importancia en el Caribe; luego, contesta las preguntas.

1. Durante este programa, tocan música de...

   a. Puerto Rico.   b. la República Dominicana.   c. el Ecuador.

2. Ponchi es...

   a. un presentador.   b. un cantante.   c. un deportista.

3. Para recibir los boletos, el radioyente tiene que saber algo de...

   a. geografía.   b. música.   c. Ponchi.

4. Dora va a viajar con...

   a. una amiga.   b. su novio.   c. una pariente.

5. El próximo programa va a tratarse de...

   a. los problemas en el mundo.   b. el tiempo.   c. la economía nacional.

6. Ahora vuelve a escuchar la cinta y contesta las preguntas sobre la oferta especial a Palmas del Mar.

   a. ¿Qué tipo de alojamiento incluye esta oferta especial?

   _____

   b. ¿Cuántos días y noches son las vacaciones?

   _____

   c. ¿Cuál es el precio para una familia de cuatro personas por tres noches?

   _____

   d. ¿A qué número de teléfono debes llamar?

   _____

   e. Escribe aquí dos preguntas que les vas a hacer cuando llames por teléfono.

   _____

   _____

f. ¿Te gustaría pasar tus vacaciones en Palmas del Mar? Explica tu respuesta.

_____

_____

La pronunciación

A. La división de sílabas.   The Spanish language has rules that you must follow for dividing words into syllables. Learning how to do this properly will help your pronunciation. Listen to the following rules on the division of words into syllables in Spanish, repeat each word after you hear it, and then complete the exercise.

1. Syllables usually end in a vowel.

   ca-sa   po-co   bar-co

2. A consonant between vowels begins a new syllable.

   to-ma   ni-ño   fa-mo-so

3. Two consonants are separated so that the first one ends a syllable and the second one begins the next. Don't forget that the consonants *ch, ll,* and *rr* are considered a single consonant in Spanish and cannot be separated. However, double consonants like *cc* will be separated.

   gran-de   pe-rro   mu-cho   ca-lle   sec-ción

4. An exception to rule three is that the consonants *l* and *r* are never separated from the preceding consonant, unless the preceding sound is the consonant *s.*

   ha-blar   ma-dre   is-la

5. In groups of three consonants, generally only the last goes with the following vowel. However, if the consonants include an *l* or an *r,* the last two consonants stay with the vowel that follows.

   ins-ti-tu-ción   trans-fe-rir   des-crip-ción

6. Any combination of two vowels involving *u* or *i* and pronounced together form one syllable, a diphthong. It may be broken by a written accent that creates two separate syllables.

   Ma-rio   vein-te   Ma-rí-a

Ejercicio.   Divide the following words into syllables:

1. droga   _dro-ga_____   6. carro   _____

2. diez   _____   7. triste   _____

3. restaurante_____   8. ciudad   _____

4. dirección   _____   9. composición_____

5. día   _____   10. nervioso   _____

B. Énfasis. A syllable that is stressed is spoken more loudly and with more force than others. To determine where to place the spoken stress or written accent mark, follow these rules.

1. Words that end in a consonant except *n* or *s*, are stressed on the last syllable. Now, repeat each word.

   profe**sor**   univer**si**dad   pa**pel**

2. Words that end in a vowel or *n* or *s* have the stress on the next to the last syllable. Repeat each example.

   clase   **ho**la   aparta**men**to

3. Words that do not fall under the categories mentioned above must have a written accent mark on the stressed syllable. Repeat each word.

   lec**ción**   **fá**cil   televi**sión**   ca**fé**

4. Written accent marks are also used to distinguish two words that have identical spelling and pronunciation but different meanings.

él—*he/him*	tú—*you*	sí—*yes*	¿qué?—*what?*
el—*the*	tu—*your*	si—*if*	que—*that, which*

5. Note that all question words have written accents.

   ¿Cómo?—*How?*   ¿Dónde?—*Where?*   ¿Quién?—*Who?*

Ejercicio. Before you listen to the following words, stop the tape and see if you can predict where the stress should fall by underlining the appropriate syllable. Then listen to the words to determine whether the stress falls on the predicted syllable. Write an accent mark if needed.

Modelo
   (You hear)   America
   (You write) América

usted	examen	hospital	placer
julio	sabado	capital	repitan
instruccion	comprendo	lapiz	Peru

Repasemos

A. **¿Qué hora es?**   Escribe en español las horas.

Modelo
   2:20 p.m.   *Son las dos y veinte de la tarde.*

1. 7:30 p.m. _____

2. 9:50 a.m. _____

3. 1:15 a.m. _____

4. 10:45 p.m. _____

5. 3:35 p.m. _____

B. Nuestros cumpleaños.   Escribe las fechas en español.

1. May 30 _____

2. December 7 _____

3. March 29 _____

4. September 11 _____

5. June 12 _____

6. August 1 _____

7. October 16 _____

8. April 2 _____

C. ¿Cuánto cuesta?   Escribe los precios indicados en español.

1. Un pequeño condominio en Madrid cuesta (80.000.000) _____

   _____ pesetas.

2. Un año de estudios en una universidad privada en Nueva York vale (22.800) _____

   _____ dólares.

3. Unas vacaciones en la República Dominicana cuestan (8.750) _____

   _____ pesos.

4. En Managua, un estéreo con disco compacto vale (3.130) _____

   _____ córdobas.

5. Un auto mexicano vale (45.900) _____

   _____ pesos mexicanos.

6. Una estancia en Misiones, Argentina vale (6.000.000) _____

   _____ de pesos argentinos.

7. Una excursión en yate en el mar Mediterráneo vale (100.000) _____

_____ liras italianas.

8. El boleto de ida y vuelta entre Miami y Quito, Ecuador vale (950.000) _____

_____ sucres.

D. En Cuernavaca. Melissa, una estudiante de los Estados Unidos, piensa hacer un programa de verano en México. Completa la historia con la forma correcta del verbo más apropiado. Escribe el verbo en el tiempo presente.

acampar	*estar*	*hablar*	*hacer*	*ir*	*ocupar*
quisiera	*tener*	*tener que*	*tomar*	*ver*	*viajar*

Este verano Melissa _____ a Cuernavaca, México. Ella va a _____

un cuarto en un hotel modesto por un mes. El cuarto _____ en el segundo piso y

_____ balcón. El programa ofrece muchas actividades. Los participantes

_____ en las montañas o _____ sol en las playas. En el zoológico

pueden _____ animales. Los sábados muchos prefieren _____ un

tour de los pueblos cercanos. Melissa dice (*says*): —Yo _____ practicar el español

todos los días. _____ regresar a mi ciudad con un acento mexicano.

CAPÍTULO 3

Entre familia

En blanco y negro

A. La chica sandwich

El artículo, "La chica sandwich", habla de las características de personalidad que resultan del orden en que una nace. ¿En qué orden naciste tú? ¿Te gusta ser el (la) mayor, el (la) del medio, o el (la) menor?

Antes de leer

Ejercicio 1. ¿Qué determina el trato (*treatment*) que reciben los hijos de sus padres? ¿Son algunas influencias más importantes que otras? ¿Cuáles te parecen más significativas? Lee la lista y pon un número de 1 a 3 para indicar si es algo (1) muy significativo, (2) regular o (3) poco significativo.

_____ 1. la edad de los padres

_____ 2. el carácter del hijo

_____ 3. la residencia de la familia

_____ 4. la "química" (*chemistry*) personal

_____ 5. la educación formal de los padres

_____ 6. el orden de nacimiento (*birth order*)

_____ 7. el nivel económico de la familia

_____ 8. las relaciones que tienen con la familia extendida

Ejercicio 2. ¿Eres tú de una familia de tres hermanas? ¿Conoces a una familia con tres hijas? ¿Cuál es la más seria? ¿Cuál es la más rebelde? ¿Cuál es la más amable?

Piensa en (*Think about*) una familia de tres hermanas y las personalidades de ellas. Escribe sus nombres, (en el orden en que nacieron) y tres adjetivos que describan sus personalidades. Si no conoces a una familia con tres hermanas, describe a una con tres hermanos.

Hijo / Hija número 1	Hijo / Hija número 2	Hijo / Hija número 3
_____	_____	_____
_____	_____	_____
_____	_____	_____
_____	_____	_____

La Chica
Sandwich

Ser la hija del medio no es fácil. Te sientes atrapada entre dos personalidades fuertes: tu hermana mayor y "la baby" de la familia. Entonces, ¿quién eres tú? ¡Alguien muy importante! Pero tienes que descubrirlo.

UNA NUEVA AVENTURA

Es un mito que los padres tratan igual a sus hijos. La "química" personal, el carácter de cada cual y, sobre todo, el orden de nacimiento, influye cómo tus "jefes" te tratan. Pero esto no tiene por qué afectar tu vida. Vamos a pedirte, por los próximos cinco o diez minutos, que te olvides de tus hermanas y te dediques a descubrir tu verdadera personalidad. Repasa mentalmente tooooodas las veces que actúas para ser igual... o diferente a "esas dos". Ahora toma cualquiera de las situaciones y contesta con mucha honestidad: Si ellas no existieran,

¿cómo serías? Michelle, de 15 años, recuerda: "Mi hermana mayor era 'la perfecta' y la menor la 'simpática'. Yo, con tal de sobresalir, me convertí en 'la rebelde' y me la pasaba de lío en lío. ¡Y qué problemas les daba a mis padres! Cuando mi hermana mayor se casó y su 'posición' quedó vacante, de repente me dio por ser madura y responsable. Pero tampoco era yo. Poco a poco me he ido 'descubriendo'. Soy demasiado romántica, sensible, bastante madura... pero no un ángel. Ahora que no vivo tratando de demostrar que soy igual o diferente, que simplemente 'soy YO', me siento ¡liberada y super-feliz!", admite.

Tú puedes hacer lo mismo y dejar de vivir –hablando metafóricamente– con "ropas prestadas". y a la sombra de ellas. Aquí tienes un cuestionario que te ayudará a descubrir tu identidad. ¿Te lanzas a la aventura? Muy bien por ti. ¡Disfrútala y aprovéchala!!!

1. ¿Quién eres tú? Pero, ¡ojo!... No puedes hablar de tu sexo, tu edad, tu nacionalidad o religión, ni tu posición económica. Esas cosas, en este caso, son sólo "accesorios". Ahora tienes que hablar únicamente de tu esencia.

2. ¿Qué admiras y te gusta? ¿Qué detestas o rechazas? ¿Por qué? Ahora profundiza: ¿Te sientes de esa manera porque sabes qué es lo "correcto" o "incorrecto", o acaso lo genuino en ti?

3. Si no te importara el "qué dirán", ¿qué cambiarías de ti? (Fíjate que no te decimos "si no te importaran las consecuencias"; sólo la opinión ajena). Dale mucha cabeza...

Si deseas escapar del "sandwich" y has comenzado tu búsqueda interior, ya tienes recorrida la mitad del camino. Cada vez se te hará más fácil salir del "medio" y ser libre y maravillosamente ¡tú!

TRES HERMANAS, TRES PERSONALIDADES

Retrato de "La mayor". Madura, responsable. Nadie tiene que decirle que estudie; saca muy buenas notas. Siempre está presentable. Se puede abrir su closet sin miedo de ser sepultada en vida.	Retrato de "La chica sandwich": Es el polo opuesto de sus hermanas, pero ¿es ésa su verdadera personalidad o nada contra la corriente? Más conocida como "La chica camaleón".	Retrato de la "baby de la familia": Es simpática, alegre, el alma de la fiesta. ¿Responsabilidad? Y eso... ¿con qué se come? De todas formas, todos la adoran. Pero ¡qué insoportable!

Comprensión

Ejercicio 1.   Primero, lee el artículo en la página 34. Según el artículo, ¿cuáles son las características que distinguen (*differentiate*) a las tres hermanas? Escribe las palabras que corresponden a cada hermana.

La mayor	La chica sandwich	La "baby"
_____	_____	_____
_____	_____	_____
_____	_____	_____

¿Qué características coinciden con tu lista original?

_____

Ejercicio 2. El artículo ofrece consejos (*advice*) para la chica sandwich. Según el artículo, indica si los siguientes consejos son recomendables (*R*) o no recomendables (*NR*) para la chica sandwich.

1.   R   NR   Hay que buscar tu propia identidad.

2.   R   NR   Tienes que vivir en la sombra (*shadow*) de tus hermanas.

3.   R   NR   Hay que ser rebelde en todo.

4.   R   NR   Cuando tu hermana mayor no está en casa, debes ocupar su posición.

5.   R   NR   Debes descubrir quién eres y ser esa persona.

6.   R   NR   Tienes que ser igual a tus hermanas.

Después de leer

Antes de clase, entrevista a otras personas para saber quién es el hijo / la hija mayor, "sandwich" o menor. ¿Son similares las personalidades de las personas a que entrevistas a las características mencionadas en el artículo? Para cada una (*each one*), escribe una comparación entre las características de tus compañeros/compañeras y las características mencionadas en el artículo.

1. Acabo de entrevistar a _____, el hijo mayor/la hija mayor de

su familia. Él/Ella es una persona _____,

_____ y _____ .

En comparación con la descripción de la mayor del artículo, _____

_____

_____

_____

2. Acabo de entrevistar a _____, el hijo sandwich/la hija sand-

wich de su familia. Él/Ella es una persona _____,

_____ y _____.

En comparación con la descripción de la chica sandwich del artículo, _____

_____

_____

3. Acabo de entrevistar a _____, el hijo menor/la hija menor de

su familia. Él /Ella es una persona _____,

_____ y _____.

En comparación con la descripción de la menor del artículo, _____

_____

_____

_____

B. "Rima XI"

El famoso poeta español, Gustavo Adolfo Bécquer (1836–1870), pinta con palabras a varias mujeres en su poema titulado "Rima XI". Después, el poeta conversa con ellas. Es interesante saber cuál es la mujer que él prefiere.

Antes de leer

Ejercicio 1.   La mujer bella es el tema (*topic*) de mucha poesía antigua y moderna. En los poemas que tú conoces, ¿qué aspectos físicos y de carácter de la mujer se mencionan? Mira la lista de palabras y escribe una X al lado de las palabras que se usan para describir a la mujer bella.

_____ vieja   _____ lleva gafas

_____ delgada   _____ tiene los ojos azules

_____ guapa   _____ calva

_____ cariñosa   _____ amable

_____ antipática   _____ pesada

Ejercicio 2. Esta actividad te ayudará a comprender algunas palabras importantes del poema. Relaciona el español con el inglés.

_____ 1. ardiente: produce mucho calor   a. pale

_____ 2. trenzas: el pelo muy largo   b. light

_____ 3. oro: un metal precioso   c. full

_____ 4. tesoro: por ejemplo, oro y plata   d. to love

_____ 5. amar: querer a una persona   e. burning

_____ 6. pálido: que no tiene color en la cara   f. dreams

_____ 7. alma: la parte espiritual de una persona   g. braids, tresses

_____ 8. luz: el contrario de oscuridad   h. gold

_____ 9. sueños: la imaginación cuando uno duerme   i. treasure

_____ 10. lleno: completo; no vacío   j. soul

Ejercicio 3. Completa la historia de Rapunzel con la palabra más lógica de la lista. Después, lee el poema y completa el ejercicio de comprensión.

amar   ardiente   frente   luz   oro   pálida   sueños   tesoro

---

Rapunzel

En una torre sin puerta y sin

_____ vive la bella Rapunzel,

una muchacha _____ con

trenzas de _____. Vive sola

con el deseo _____ de salir de

su torre y _____ al hombre de

sus _____. Pero la madrastra

malévola guarda su _____ en

la torre.

XI

—Yo soy ardiente, yo soy morena,

yo soy el símbolo de la pasión

de ansia° de goces° mi alma está llena°.   *longing / pleasures / full*

¿A mí me buscas? —No es a ti; no.

—Mi frente es pálida; mis trenzas, de oro;

puedo brindarte dichas° sin fin;   *give you happiness*

yo de ternura° guardo un tesoro.   *tenderness*

¿A mí me llamas? —No; no es a ti.

—Yo soy un sueño, un imposible,

vano fantasma de niebla° y luz;   *mist*

soy incorpórea, soy intangible;

no puedo amarte. —¡Oh, ven°, ven tú!   *come*

Comprensión

1. ¿Cuántas personas hablan con el poeta?

   a. una   b. tres   c. cinco

   ¿Cómo lo sabes? _____

2. ¿Cómo sabes que el poeta habla con mujeres?

   _____

3. ¿Cómo es la persona de la primera estrofa (*first verse*)?

   _____

4. ¿Qué diferencias hay entre la persona de la segunda (*second*) estrofa y la anterior (*previous one*)?

   _____

5. ¿Cómo sabes que el poeta no tiene interés en las personas de la primera y la segunda estrofas?

   _____

6. El poeta prefiere a la persona de la tercera (*third*) estrofa. ¿Existe esta persona? ¿Cómo lo sabes?

   ¿Cómo es esta persona? _____

   _____

   _____

Después de leer

¿Crees que el poeta habla solamente de las mujeres o que habla de otras cosas? ¿Qué más ves en este poema? Escribe tus comentarios a continuación. Luego, compara tus comentarios con los comentarios de tus compañeros de clase.

_____

_____

Escribamos un poco

Paso 1

A. Colombia y Venezuela. Tienes mucho interés en los diferentes países de Latinoamérica. Para prepararte para escribir un trabajo sobre Colombia y Venezuela, apuntas unos datos sobre los dos países. Refiérete a la información que hay en el Almanaque Mundial de 1993 y escribe unas frases que comparen ciertos datos (*facts*) sobre los países Colombia y Venezuela. ¡Ojo! Es importante incluir comparaciones de igualdad y desigualdad. Usa un verbo distinto (*different*) en cada oración.

Modelo

(bibliotecas)

Hay más bibliotecas en Colombia que en Venezuela.

COLOMBIA

Nombre oficial: República de Colombia
Área: 1.141.748 Km²
Límites: Al N con el Mar Caribe, al E con Venezuela y Brasil, al S con Perú y Ecuador, al O con el Océano Pacífico, y al NO con Panamá
Capital: Santa Fe de Bogotá, D.C. (f. 1538, por Gonzalo Jiménez de Quesada)
Moneda: peso ($C); monedas: 1,00; 2,00; 5,00; 10,00; 20,00 y 50,00 pesos; billetes: 200, 500, 1.000, 2.000, 5.000 y 10.000 pesos
Idioma oficial: español
Hora oficial: GMT –5 horas (normal/verano)
Fiesta nacional: 20 jul. (Día de la Independencia)
Bandera: Tres franjas horizontales; la superior, amarilla, tiene el doble del ancho de cada una de las otras dos (azul la intermedia y roja la inferior).
Himno nacional: "Oh, gloria inmarcesible..." Mús.: O. Sindici / Let.: R. Núñez
Santa patrona: Ntra. Sra. de Chiquinquirá; fiesta: 9 jul.
Población: 32.978.000 (1990)
Población urbana: 69% (1986)
Población masculina: 49,6% (1990)
Bibliotecas: 974 (1985)
Religión: Católicos, 96,6%; protestantes, 0,9%; otros, 2,5%

VENEZUELA

Nombre oficial: República de Venezuela
Área: 916.445 Km²
Límites: Al N con el Mar Caribe, al NE con el Océano Atlántico, al E con Guyana, al S con Brasil, y al O con Colombia
Capital: Caracas (f. 1567, por Diego de Losada)
Moneda: bolívar (Bs.); monedas: 5, 10, 25 y 50 céntimos, 1, 2 y 5 bolívares; billetes: 5, 10, 20, 50, 100, 500 y 1.000 bolívares
Idioma oficial: español
Hora oficial: GMT –4 horas (normal/verano)
Fiesta nacional: 5 jul. (Día de la Independencia)
Bandera: Tres franjas horizontales iguales; amarilla, azul, y roja de arriba a abajo. La franja azul tiene en su centro un arco de siete estrellas. El escudo de armas va en la franja amarilla, junto al asta
Himno nacional: "Gloria al bravo pueblo..." Mús.: J. J. Landaeta / Let.: V. Salias
Santa patrona: Ntra. Sra. de Coromoto, fiesta: 2 feb.
Población: 19.735.000 (1990)
Población urbana: 84,0% (1990)
Población masculina: 50,4% (1990)
Bibliotecas: 35 (1986)
Religión: Católicos, 94,8%; protestantes, 1,0%; cristianos autóctonos, 0,3%; ortodoxos, 0,1%; judíos, 0,1%; otros, 3,7%

1. (idioma oficial)

_____

_____

2. (población)

_____

_____

3. (población masculina)

_____

_____

4. (edad de la capital)

_____

_____

5. (área)

_____

_____

6. (colores en la bandera)

_____

_____

7. (religiones)

_____

_____

8. (población urbana)

_____

_____

ATAJO	**Phrases/Functions:** Describing people
	Vocabulary: Personality
	Grammar: Comparisons (adjectives; inequality)

B. Tres generaciones.   Piensa en tres personas que representan tres generaciones distintas dentro de tu familia o una familia que conozcas. Después, escribe una descripción de las tres y una comparación de ellas. Aquí tienes algunas preguntas que considerar: ¿Cómo son físicamente? ¿Hay muchas similitudes entre ellos/ellas? ¿En qué son diferentes? ¿Qué aspectos de sus personalidades tienen en común (*in common*)? ¿Cuáles son las características opuestas (*opposite*) de ellos/ellas? Puedes incluirte a tí (*include yourself*) si quieres.

_____

_____

_____

_____

_____

_____

_____

_____

_____

_____

_____

_____

_____

_____

_____

_____

_____

_____

_____

_____

_____

_____

_____

Paso 2

A. Dónde pongo las cosas.   Acabas de pintar (*to paint*) tu apartamento. Tienes fotos que indican adónde van los muebles. Escríbele al pintor unas notitas para recordarle (*remind him*) del arreglo original.

En la cocina.   *La nevera está a la izquierda de la estufa.*

En el dormitorio.

En el baño.

En la sala.

B. Está en magníficas condiciones.   Tienes la oportunidad de estudiar en España el semestre que viene y quieres subalquilar (*sublet*) tu apartamento. Hay una persona interesada. El problema es que hay otro apartamento en tu edificio (*building*) para alquilar. Tienes que convencer a la persona que tu apartamento es mejor que el otro. Escribe la parte de la carta en la que describes tu apartamento y hablas de las ventajas (*advantages*) de éste. Incluye en tu carta esta información:

- dónde está el apartamento (calle, piso)
- qué cuartos tiene
- los muebles que hay
- en qué condiciones está
- por qué te gusta pasar tiempo en el apartamento
- las ventajas de tu apartamento
- las desventajas (*disadvantages*) del otro apartamento

Como ya sabes, este apartamento es fabuloso.

Paso 3

A. Los problemas de la familia Scarlata. Hay unas situaciones problemáticas en la casa de la familia Scarlata. Todos quieren consejos (*advice*) de la abuelita Josefina. Imagínate que tú eres la abuelita Josefina. Usa tu imaginación para contestar las cartas de Anita, Raimundo y Luisa Scarlata. Usa expresiones de obligación (*deber, hay que, tener que*) en tus respuestas.

Querida nieta,

de tu abuelita que te quiere mucho,

Querida abuelita,

¡Papá es imposible! ¡Es el padre más estricto del universo! Cuando salgo con mis amigos, tengo que regresar a casa antes de las 10:30. Prefiero pasar mi tiempo libre con mis amigos. Quiero estar con ellos los sábados y domingos. ¿Por qué tengo que estar en casa con mi familia? ¡Son muy aburridos! ¿Qué debo hacer?

XXX
OO Besitos,
tu nieta Anita

Hijo mío,

de tu mamá que te quiere mucho,

Querida mamá,

Te escribo porque tú eres una mujer muy inteligente en estas cosas. ¡Anita es imposible! Ella es muy joven, solo tiene 14 años, pero quiere ser una mujer de 25. No regresa a casa a tiempo, pasa todo su tiempo con sus amigos. Cuando no está con ellos, habla con ellos por teléfono. No tiene tiempo para mí. ¿Qué voy a hacer yo con ella?

Recibe un abrazo fuerte de tu hijo,

Raimundo

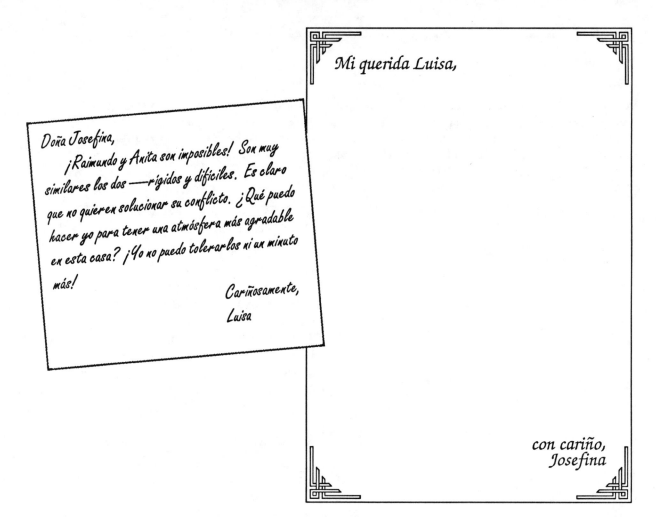

Mi querida Luisa,

Doña Josefina,
¡Raimundo y Anita son imposibles! Son muy similares los dos —rígidos y difíciles. Es claro que no quieren solucionar su conflicto. ¿Qué puedo hacer yo para tener una atmósfera más agradable en esta casa? ¡Yo no puedo tolerarlos ni un minuto más!

Cariñosamente,
Luisa

con cariño,
Josefina

Phrases/Functions: Describing people

Vocabulary: Family members; house, household chores; personality

Grammar: Verbs (present)

B. La familia ideal. ¿Existe la familia ideal? En tu opinión, ¿cómo es esa familia? Escribe un párrafo en el que describas a la familia ideal con respecto a:

- número de personas
- residencia
- quehaceres
- actividades
- características de los padres

- características de los hijos
- contacto con el resto de la familia (abuelos, tiós, primos, etc.)
- frecuencia de reuniones de familia

¿Cómo comparas a tu familia real con tu familia ideal?

En mi opinión la familia ideal consiste en _____

_____

_____

Todo oídos

La emisora de radio WSEC 104.5 les presenta...

"Radioventas". Vas a escuchar el programa "Radioventas", donde diferentes personas en la comunidad llaman por teléfono para anunciar muebles, aparatos eléctricos y otras cosas de uso que tienen de venta. Antes de escucharlo, lee y completa número 1 del ejercicio a continuación.

1. Vamos a suponer que acabas de alquilar un apartamento que está parcialmente amueblado y necesitas algunos muebles o aparatos eléctricos. Primero, mira el diagrama del apartamento que tienes para ver lo que necesitas. Luego, escribe una lista de las cosas que necesitas comprar.

a. _____

b. _____

c. _____

d. _____

cocina

horno	cocina	fregadero	lavaplatos

habitación

baño

mesita

cama

comedor

+

+   +

+

sillas

sala

sillón

lámpara

mesita   mesita

2. Ahora, escucha el programa para ver si encuentras algunas gangas (*bargains*) con las cuatro cosas en la lista de la pregunta #1. Debes estar listo(a) para escribir la información necesaria a continuación. Recuerda que no tienes mucho dinero y debes limitarte a lo que necesitas para acabar de amueblar el apartamento.

a. artículo:_____

descripción: _____

precio: _____

teléfono: _____

b. artículo:_____

descripción: _____

precio: _____

teléfono: _____

Ahora escucha el anuncio y contesta las preguntas (sobre el anuncio) en el número 3 abajo (*below*) antes de continuar con las preguntas del 2. c. y 2. d.

c. artículo:_____

descripción: _____

precio: _____

teléfono: _____

d. artículo:_____

descripción: _____

precio: _____

teléfono: _____

3. Ahora, contesta las preguntas siguientes sobre el anuncio.

a. ¿A quiénes les conviene este servicio?

- a una pareja de recién casados sin hijos

- a una familia grande con pocos ingresos

- a un hombre soltero

b. ¿Qué cuartos mencionaron en el anuncio? Subraya (*Underline*) tu respuesta.

    cocina, sala, baño, comedor, oficina, habitación, garage

c. ¿Por qué recomiendan las remodelaciones?

_____

La pronunciación

A. La entonación. Intonation refers to the rising and falling pitch of your voice as you speak. There are three basic intonation patterns that you need to know. Listen to the following sentences on your tape and repeat each one.

1. Statements: The tone of your voice should go down at the end of the sentence.

    La Familia Martínez vive en Venezuela. ↓

2. Yes/no questions: The tone of your voice should go up at the end of this kind of question.

    ¿Vive la familia Martínez en Venezuela? ↑

3. Information questions: The tone of your voice should go down, as it does for statements.

    ¿Dónde vive la familia Martínez? ↓

B. Algunos sonidos y letras especiales.   Spanish has a few letters of the alphabet and also some special sounds that English does not use. Practice the following sounds by repeating them.

1. *Ch* is considered a single letter of the alphabet; it is pronounced like "ch" of the English word *church*.

    chico (*boy*)   chocolate   ducha (*shower*)

    La ducha en la casa de ese chico está descompuesta.

2. *Ll* is also considered a single letter of the alphabet. In most areas it is pronounced like the "y" in *you*.

    sillón (*easy chair*)   villa   allí (*there / over there*)

    Allí hay un sillón grande.

3. The letter *ñ* is alphabetized after the letter *n*. It is pronounced like the "ny" combination in the English word *canyon*.

    señor (*man*)   bañera (*tub*)   pequeña (*small*)

    Ese señor tiene una bañera muy pequeña en su casa.

Repasemos

A. Fotos de una fiesta de familia. Eduardo y Cela hablan de algunas fotos. Completa las conversaciones con las palabras que faltan según las indicaciones.

Eduardo: ¿Quiénes son _____ (*those*) personas?

Cela: _____ (*This*) hombre es mi tío

y _____ (*that*) mujer es su esposa.

Eduardo: ¿Su esposa? Pero ella es mucho _____

(*taller than*) él.

Cela: Sí, es cierto. Y él es _____ (*younger*

than) ella también. Pero los dos están muy enamorados (*in love*).

Eduardo: Y ¿ _____ (*those*) muchachos?

Cela: La chica _____ (*blond*) que está al lado de mi

_____ (*grandfather*) es mi _____

(*best*) amiga Carla. El chico con los ojos _____ (*gray*) es

mi _____ (*stepbrother*) Jesús. En _____

(*this*) foto, ellos eran (*were*) muy _____ (*young*). Carla es la

amiga _____ (*ideal*). Es _____

(*hardworking*) y _____ (*happy*). Jesús es

_____ (*optimistic*) y _____

(*outgoing*). Ella es _____

_____ (*the nicest friend*) que tengo y él es _____

_____ (*the most*

affectionate brother) del mundo.

B. En la casa de verano. En esta historia Antonio describe una foto de la casa de verano de sus abuelos. Completa la historia con la forma correcta de *ser* o *estar* según el contexto.

Éste _____ mi primo Esteban. Aquí él _____ muy contento

porque _____ el día de su cumpleaños. Esteban _____ en la casa

de verano de nuestros abuelos, una casa magnífica que _____ en Viña del Mar.

Mira los muebles eclécticos: las mesas _____ de Francia, pero las lámparas que

_____ encima, vienen de Austria.

Esteban y yo _____ íntimos amigos. Yo no _____ en la foto

porque durante los veranos, mis padres y yo _____ en los Estados Unidos.

C. Conversaciones. Completa los mini-diálogos escogiendo el verbo apropiado de la lista. Es necesario usar la forma correcta del verbo según el contexto.

almorzar	conocer	decir	dormir	hacer	jugar
poder	poner	preferir	salir	traer	volver

Número 1

Mamá: Niña, son las tres de la tarde. ¿Por qué _____ tú ahora?

Marisol: ¿Qué _____? ¡Las tres de la tarde! Ay, mami, no sé por qué estoy tan

cansada.

Número 2

Profesora Echea: ¿Cuándo _____ ustedes hacer el examen? ¿El viernes o el lunes?

Jorge: Para mí, es mejor el lunes. Yo no _____ estudiar antes.

Número 3

Papá: ¿_____ tú a ese chico?

Luisito: ¡Claro que sí! Él y yo _____ al cine todos los sábados.

Número 4

Alicia: ¡La fiesta es en dos horas! ¿Cómo lo arreglamos?

Lidia: Yo _____ las camas y tú _____ los platos en la mesa.

Alicia: ¿Y Marta? ¿Dónde está?

Lidia: Ahora ella _____ a casa y _____ las bebidas.

CAPÍTULO 4

¡Buen provecho!

En blanco y negro

A. Wendy's

Hoy vas a leer un poco sobre los restaurantes de comida rápida. Primero, completa el ejercicio en *Antes de leer*.

Antes de leer

Los restaurantes de comida rápida son una verdadera institución norteamericana. Burger King, por ejemplo, tiene más de siete mil restaurantes en los Estados Unidos; McDonald's, más de diez mil en todo el mundo. Completa la siguiente actividad en la que describes algunas de tus preferencias con respecto a la comida rápida.

1. ¿Qué restaurantes de comida rápida son populares en tu ciudad? Completa la siguiente tabla (*chart*) con los nombres de los restaurantes y escribe cuatro o cinco de los platos (*dishes/foods*) que sirven en cada uno.

Restaurante	Platos

2. ¿Cómo describirías (*would you describe*) una buena hamburguesa? ¿Un buen batido (*milk shake*)? Describe cómo prefieres las siguientes comidas; escribe en inglés, o en español si prefieres.

Modelo

una buena hamburguesa: *grilled, thick, on a French roll, with pickles*

una buena hamburguesa: _____

un buen batido: _____

un "chili" delicioso: _____

una ensalada: _____

Ahora, vas a leer un poco sobre una cadena (*chain*) norteamericana que también tiene restaurantes en España y en otros países. Completa el ejercicio de comprensión mientras lees la selección.

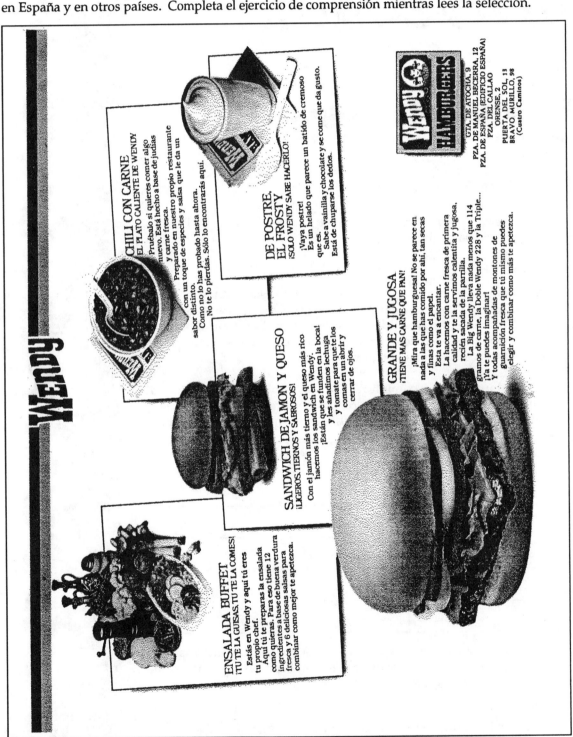

Wendy

CHILI CON CARNE
EL PLATO CALIENTE DE WENDY

Pruébalo si quieres comer algo nuevo. Está hecho a base de judías y carne fresca.
Preparado en nuestro propio restaurante con un toque de especies y salsa que le da un sabor distinto.
Como no lo has probado hasta ahora.
No te lo pierdas. Sólo lo encontrarás aquí.

DE POSTRE, EL FROSTY
¡SOLO WENDY SABE HACERLO!

¡Vaya postre!
Es un helado que parece un batido de cremoso que es.
Sabe a vainilla y chocolate y se come que da gusto.
Está de chuparse los dedos.

SANDWICH DE JAMON Y QUESO
¡LIGEROS, TIERNOS Y SABROSOS!

Con el jamón más tierno y el queso más rico hacemos los sandwich en Wendy.
¡Están que se funden en la boca!
y les añadimos lechuga y tomate para que te los comas en un abrir y cerrar de ojos.

ENSALADA BUFFET
¡TU TE LA GUISAS TU TE LA COMES!

Estás en Wendy y aquí tú eres tu propio chef.
Aquí tú te preparas la ensalada como quieras. Para eso tiene 12 ingredientes a base de buena verdura fresca y 6 deliciosas salsas para combinar como mejor te apetezca.

GRANDE Y JUGOSA.
¡TIENE MAS CARNE QUE PAN!

¡Mira que hamburguesa! No se parece en nada a las que has comido por ahí, tan secas y finas como el papel.
Esta te va a encantar.
La hacemos con carne fresca de primera calidad y te la servimos calentita y jugosa, recién sacada de la parrilla.
La Big Wendy lleva nada menos que 114 gramos de carne, la Doble Wendy 228 y la Triple...
¡Ya te puedes imaginar!
Y todas acompañadas de montones de guarnición fresca que tú mismo puedes elegir y combinar como más te apetezca.

Wendy HAMBURGERS

GTA. DE ATOCHA, 9
PZA. DE MANUEL BECERRA, 12
PZA. DE ESPAÑA (EDIFICIO ESPAÑA)
PZA. DEL CALLAO
ORENSE, 2
PUERTA DEL SOL, 13
BRAVO MURILLO, 98
(Cuatro Caminos)

Comprensión

1. ¿Qué debes pedir (*should you order*) en Wendy's si...

   a. eres vegetariano(a)? _____

   b. tienes mucha hambre (*hungry*)? _____

   c. quieres algo dulce (*sweet*)? _____

   d. eres alérgico(a) al pan? _____

2. Lee las descripciones para las comidas que sirven en Wendy's. ¿Qué ingredientes se mencionan? Escribe una lista de ingredientes para cada plato:

   Ensalada buffet: **"Chili" con carne:**

   a. _____   a. _____

   b. _____   b. _____

   Sandwich: c. _____

   a. _____   d. _____

   b. _____   **Frosty (dos sabores [*flavors*]):**

   c. _____   a. _____

   d. _____   b. _____

   Hamburguesa:

   a. _____

   b. _____

   c. _____

3. Este anuncio usa muchos adjetivos para convencerte (*to convince you*) de que Wendy's tiene la mejor comida. Busca los equivalentes en español de los siguientes adjetivos y escríbelos en la tabla; también tienes que indicar qué comida describe cada uno de los adjetivos.

Descripción en español	Equivalente en inglés	Comida que describe
	creamy	
	juicy	
	fresh	
	light, tender, and delicious	
	(not) dry and thin	
	first quality	

Después de leer

Contesta estas preguntas oralmente con tu compañero(a) de clase.

1. ¿Te gustan los restaurantes de comida rápida? ¿Cuál es tu predilecto (*favorite*)? ¿Qué pides allí?

2. En tu opinión, ¿cuál de los restaurantes de comida rápida tiene la mejor comida? ¿Cuál es el menos caro (*expensive*)? ¿Cuál tiene el ambiente (*atmosphere*) más agradable?

B. ¡Coma inteligentemente!

Ahora vas a leer un poco sobre la nutrición; el siguiente artículo es de la revista *Buenhogar*. Primero, completa el ejercicio en *Antes de leer*.

Antes de leer

¿Comes inteligentemente? En esta actividad vas a analizar tu dieta.

1. Escribe aquí todo lo que comes en un día "típico."

   desayuno: _____

   _____

   almuerzo: _____

   _____

   cena: _____

   _____

   merienda(s): _____

   _____

2. Ahora, examina tu lista. En un día corriente (*normal*), ¿cuántas raciones (*servings*) de las siguientes categorías de comida comes?

   carne: _____

   pescado: _____

   leche y productos

   lácteos: _____

   pan: _____

   arroz y otros granos: _____

   legumbres y verduras: _____

   frutas: _____

   dulces: _____

La nueva pirámide alimentaria

Grasas, aceites y dulces
(*Usar en mínimas cantidades*)

Leche, yogur y quesos
(*2-3 raciones*)

Carne, aves, pescado y granos huevos y nueces
(*2-3 raciones*)

Vegetales
(*3-5 raciones*)

Frutas
(*2-4 raciones*)

Pan, cereales y arroz y pastas
(*6-11 raciones*)

Crédito: U.S. Department of Agriculture

En tu opinión, ¿es buena, mala o regular tu dieta? Lee el artículo y puedes determinar si tienes una buena dieta o no. Mientras lees el artículo, completa el ejercicio de comprensión.

Nutrición

Coma inteligentemente ¡y viva más!

Aquí le damos algunos consejos clave que pueden llegar a añadirle unos añitos más de vida.

Planee un menú: así podrá eliminar de antemano los alimentos ricos en grasas, sal y colesterol, a la vez que le permitirá balancear mejor su alimentación, considerando el conjunto de nutrientes y no los alimentos en forma individual. Este menú debe incluir siempre cinco raciones de frutas y vegetales al día, así como seis de pan, granos y cereales.

Sea selectiva con la carne: acostúmbrese a elegir siempre la que tiene menos grasa. Por lo general, evite la que tiene una apariencia de mármol. Esto, sin embargo, no tiene nada que ver con el colesterol, ya que éste se encuentra en el tejido muscular de la carne, y no en la grasa en sí.

Las proteínas en los huevos: se encuentran principalmente en las claras, ya que las yemas son pura grasa.

Evite la grasa de la leche: use la descremada, y no sólo para tomarla sola, sino también en la preparación de sus comidas. Si la necesita para hacer una crema y le resulta demasiado aguada, puede espesarla mezclándola con puré de papas.

Recuerde que comer saludablemente es un hábito, que se adquiere con la práctica. Y aunque al principio le pueda parecer difícil de lograr, ¡bien vale la pena intentarlo!

Comprensión

1. Este artículo tiene una breve introducción, consejos (*advice*) sobre la nutrición y una breve conclusión. Relaciona (*Match*) cada subdivisión del artículo con su tema correspondiente.

_____ introducción

_____ subdivisión 1 (Planee un menú)

_____ subdivisión 2 (Sea selectiva con la carne)

_____ subdivisión 3 (Las proteínas en los huevos)

_____ subdivision 4 (Evite la grasa de la leche)

_____ conclusión

a. *Eggs: protein versus fat*

b. *Menu planning*

c. *This advice will help you live longer.*

d. *How to choose meats wisely*

e. *What kind of milk is best?*

f. *Healthy habits take time to develop.*

2. ¿Cuántas raciones se recomiendan de las siguientes comidas?

   a. *sweets or rich, fatty foods* _____

   b. *meat, fish* _____

   c. *dairy products* _____

   d. *vegetables* _____

   e. *fruit* _____

   f. *grains* _____

3. Completa las siguientes frases con las palabras más lógicas del artículo; escribe los equivalentes en inglés entre paréntesis.

   a. Para llevar una buena dieta, debemos eliminar las comidas con un exceso de:

   _____ (_____),

   _____ (_____) y

   _____ (_____).

   b. Con respecto a los huevos, hay mucha proteína en las _____

   (_____); el colesterol está concentrado en las

   _____ (_____).

   c. La leche contiene mucha _____ (_____);

   por eso, es mejor usar la leche _____

   (_____).

Después de leer

Trabaja con tu compañero(a) de clase y completa la siguiente actividad.

1. ¿Qué come tu compañero(a) en un día típico? Lee la dieta que él o ella escribió en la sección *Antes de leer*. Compara la lista de comidas con las recomendaciones del artículo. Ahora contesta estas preguntas:

   a. ¿Es buena, mala o regular la dieta de tu compañero(a)?

   b. ¿Qué comidas debe eliminar de su dieta él (ella)?

   c. ¿Qué comidas debe comer con más frecuencia?

   d. ¿Quién tiene la mejor dieta, tú o tu compañero(a) de clase?

2. ¿Cuál es el menú ideal? Con tu compañero(a), planea aquí el menú ideal para un día entero:

   Desayuno _____

   _____

Almuerzo _____

_____

Cena _____

_____

Merienda _____

_____

Escribamos un poco

Paso 1

A. En el Mesón del Sol. Durante una comida en el Mesón del Sol, Guillermo y Olivia escogen *(choose)* entre varias opciones. Ayúdalos a seleccionar una de las opciones y termina la oración de una manera original. Trata de no repetir tus comentarios.

Mesero: Buenos días. Una mesa para dos personas, ¿no?. ¿Dónde quieren sentarse: en la terraza, cerca de la ventana o en la sección de fumar?

Guillermo: Creo que es mejor sentarnos (en la terraza / cerca de la ventana / en la sección de no fumar) porque…

_____

_____

Mesero: Los platos del día son arroz con pollo, ensalada de camarones y pescado fresco.

Olivia: Fíjate, Guille, ésos son mis tres platos favoritos. Voy a tener que tomar una decisión muy difícil. A ver… sí, prefiero (el arroz con pollo / la ensalada de camarones / el pescado fresco) con…

_____

_____

Guillermo: Para mí el pollo frito y ensalada mixta. Y¿podría traerme (un tenedor/una servilleta/una copa de vino) porque veo que…

_____

_____

Olivia: Normalmente no pido (café / postre / agua) con la comida, pero hoy...

_____

_____

Guillermo: Me gusta mucho este restaurante. El único problema es que (el lugar / el servicio / los precios)...

_____

_____

Mesero: Aquí tienen ustedes la cuenta.

Olivia: Pienso pagar (con cheque de viajero / con tarjeta de crédito / en efectivo [cash]) porque...

_____

_____

B. Planeando el menú. Tus padres pronto van a cumplir veinticinco años de matrimonio. Para celebrar la ocasión, tú organizas una gran fiesta. Al planear la comida para el acontecimiento, tienes que considerar las siguientes restricciones de las dietas de varios miembros de tu familia. Tú has anotado las restricciones de esta manera:

mi prima Rebeca - vegetariana

mi hermano Javier - alergia a mariscos

mi abuelo Lorenzo - problemas de colesterol y sal

mi tía Beatriz - está a dieta

mi cuñado Dennis - no le gusta la comida picante

1. Teniendo en cuenta estas limitaciones, escoge entre los distintos platos que ofrece el Hotel Miramar, un menú para la fiesta. Indica tus selecciones en el formulario.

Hotel Miramar

Aperitivos

plato de verduras frescas
champiñones
quesadillas
coctel de camarones
jamón y queso
nachos con salsa picante

Entradas

tortilla española
ensalada de patatas
sopa de bróculi
sopa de mariscos
ensalada mixta
gazpacho

Platos principales

biftec con salsa de tomate
salmón a la parrilla
paella a la valenciana
pollo asado
chuleta de cerdo

Postres

frutas tropicales
tarta de chocolate
  con crema batida
flan de huevo
pastelería francesa

Hotel Miramar

Nombre: _____

Aperitivos: (escoja 3)

_____

_____

Entradas: (escoja 2)

_____

_____

Platos Principales: (escoja 2)

_____

_____

Postres: (escoja 1) _____

_____

2. Ahora escribe una nota breve a tu hermano, Javier, explicándole tus decisiones sobre el menú. Es importante justificar tus selecciones.

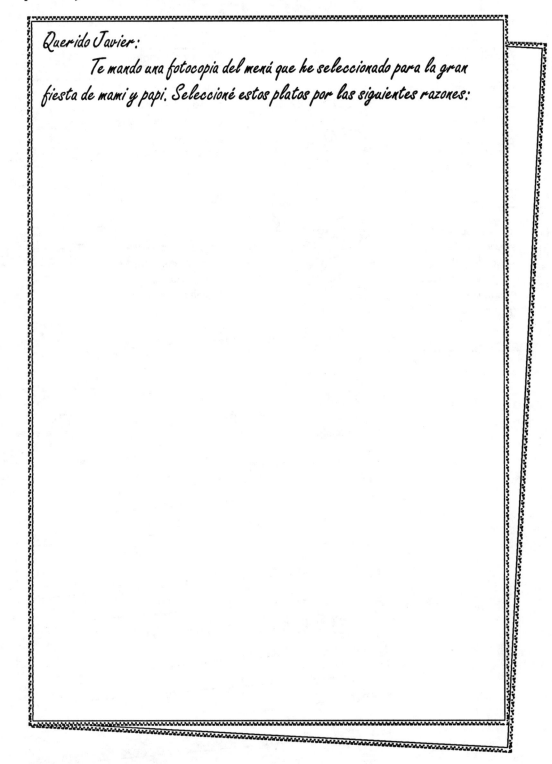

Querido Javier:

    Te mando una fotocopia del menú que he seleccionado para la gran fiesta de mami y papi. Seleccioné estos platos por las siguientes razones:

Paso 2

A. Me siento así.   Todos reaccionamos a nuestra manera. Escribe un mínimo de cinco oraciones para indicar bajo qué circunstancias las personas indicadas sienten las sensaciones mencionadas. Hay que escoger un elemento de cada columna y terminar la oración de una manera original.

Modelo

   (Yo) tengo prisa por la mañana porque mi primera clase es a las ocho y media.

   Mis compañeros y yo tenemos ganas de comer pizza después de estudiar para un examen difícil.

yo	tener hambre	antes de (+ *infinitivo*)
mi hermanito(a)	tener sed	después de (+ *infinitivo*)
mi hermano(a) mayor	tener prisa	cuando
mis profesores	tener calor	porque
mis compañeros de cuarto y yo	tener miedo (de)	
(hablando con un amigo) tú	tener sueño	
nuestro perrito	tener ganas de	

1. _____

   _____

2. _____

   _____

3. _____

   _____

4. _____

   _____

5. _____

   _____

ATAJO	**Phrases/Functions:** Asking the price
	Vocabulary: Stores; metric system; food (bread, cheeses, fruits, legumes and vegetables); house (kitchen)

B. De compras en Sevilla.   Estás viviendo este año en Sevilla, España, donde has notado muchas diferencias en la vida diaria. Una de estas diferencias es cómo se hacen las compras. Escribe una carta a tu familia en la cual tratas (*you deal with*) el tema de hacer compras. Hay que incluir:

- una descripción de los tipos de tiendas

- dónde prefieres hacer las compras y por qué

- semejanzas (*similarities*) y diferencias de pesos y medidas (*weights and measures*)

- los productos que te gusta comprar, dónde te gusta comprarlos y por qué

- cuánto cuestan los productos más básicos (pan, carne, leche, huevos, etc.)

Querida familia:

      ¡Saludos de Sevilla! Esta ciudad me fascina. ¡Hay tanto que ver y hacer! Las calles del barrio de Santa Cruz son tan estrechas que sólo un coche puede pasar a la vez. A todas horas del día y de la noche escucho las melodías flamencas que salen de ventanas adornadas de flores. Es todo un mundo de diferencias.

      Ayudo a la familia a hacer las compras. Es curioso, pero

_____

_____

_____

_____

_____

_____

_____

_____

_____

_____

_____

Todo oídos

La emisora de radio WSEC 104.5 les presenta...

"El sabor latino". Escucha la entrevista con Xavier Mujica en el programa "El sabor latino" que presenta información sobre la comida y la dieta de los hispanos; luego, contesta las preguntas.

1. ¿Qué papel tiene el Sr. Mujica en el restaurante? Es el...

    a. cocinero   b. dueño   c. cliente

2. La popularidad del restaurante "La casa vasca" se debe a que...

   a. los precios son baratos.

   b. la comida es buena.

   c. el servicio es bueno.

3. ¿Cuál es un plato muy importante en la cocina vasca? ¿Por qué? _____

   _____ .

4. Algunos ingredientes típicos en la cocina vasca son el aceite de oliva, el ajo y _____

   _____ .

5. Vamos a suponer que quieres ir al restaurante. Escribe...

   la dirección: _____

   las horas: _____

   el teléfono: _____

6. ¿Qué les recomienda Xavier a sus clientes? _____

La pronunciación

A. Las letras *c* y *q(u)*.   Ahora escucha y repite las palabras y oraciones con las letras *c* y *q(u)*.

1. When followed by *a, o,* or *u* the letter *c* has an English *k* sound, as in the English word *kite*. In the combinations *que-* and *qui-*, the *qu* is also pronounced as a k sound, and the *u* is silent. The letter *k*, which is not used frequently in Spanish, has the same sound. Listen and repeat the following words and phrase.

cable	cacao	casa	café
condición	comprar	comunicar	confesión
cualidad	cuando	cuarenta	cuestión
Quito	quién	aquel	kilo

   Carlota come en la casa de Carolina cuando cocinan comida cubana.

2. In Latin America, when followed by *e* or *i*, the letter *c* has an *s* sound. In Spain, when a *c* is followed by *e* or *i*, it is pronounced like the *th* in the English word *thin*. The letter *z* is also pronounced in this way. Pronounce the following words, using the Latin American pronunciation.

celebrar	celestial	central	cemento
ciencia	gracias	cien	cínico

   ¿Quién quiere celebrar el cumpleaños de Cecilia?

B. Trabalenguas mexicano.   Here is a Mexican tongue twister (*trabalenguas*) that practices some of these sounds. First, try saying it; then listen to it and repeat it once more.

"Col colosal"	"The Colossal Cabbage"
¡Qué col colosal colocó el loco	*What a colossal cabbage*
aquel en aquel local!	*that crazy man put in*
¡Qué colosal colocó en	*that place!*
el local aquel, aquel loco!	

Repasemos

A. Cuando mi hermanito prepara la comida. Completa la historia de Luisito.

Luisito _____ (tener) diez años y le _____ (gustar) cocinar.

Nosotros _____ (tener) miedo cuando él _____ (cocinar) porque a

veces él no _____ (acordarse—*remember*) de incluir todos los ingredientes. Por ejemplo,

cuando nosotros _____ (querer) cenar tortilla española, Luisito _____

(decir) que él _____ (poder) prepararla. ¡Pero él _____ (olvidarse) de

las patatas y cenamos huevos revueltos! A veces él _____ (poner) cosas extrañas en

la comida. Mis padres siempre _____ (beber) café por la mañana. ¡Luis lo

_____ (servir) con mucho jarabe de chocolate! Cuando él _____

(saber) hacer bien las cosas, _____ (perder) la concentración, _____ (ir)

a otro cuarto y _____ (dejar) quemar (*burn*) el plato.

B. A la hora de comer. Combina los elementos, conjuga los verbos y agrega otras palabras necesarias para formar oraciones completas.

1. José / recomendar / pollo / pero / hermanos / preferir / comer / pescado

2. Nosotros/ servir / almuerzo / 12:00 / pero / ustedes /servir / almuerzo / 2:00

3. Yo / querer / probar / postre / porque / Antonia / siempre / servir / pasteles / ricos

4. Uds. / traer / vino / pero / Julio / nunca / traer / nada

5. Papá / pedir / langosta / mientras que / nosotros / pedir / paella

C. Una fiesta de aniversario. Tus padres pronto van a cumplir veinticinco años de matrimonio. Para celebrar la ocasión, tú organizas una gran fiesta. Escribes una carta dirigida a varios miembros de tu familia, explicándoles lo que has planeado. Usa los verbos de la lista para completar la carta.

abrir	*almorzar*	*cerrar*	*dar*	*pedir*
preferir	*probar*	*recomendar*	*servir*	*traer*

Queridos familiares.

Espero que esta carta los encuentre a todos muy bien. Como ya saben, el veintiuno de junio marca el 25 aniversario de bodas de mamá y papá. Estoy planeando una gran fiesta, así que les _____ su ayuda.

La primera consideración: el lugar. Tengo un amigo que me _____ el gran salón del Hotel Miguel Ángel. Yo _____ el Hotel Miramar porque es casi igual de hermoso y cuesta algo menos. Además, tiene fama de _____ platos exquisitos. Lo sé porque mi amigo y yo _____ allí casi todos los viernes.

La segunda consideración: la hora. Los salones de los dos hoteles _____ a las seis para la cena pero el del Miguel Ángel _____ a la media-noche. En el Miramar podemos quedarnos hasta las dos de la madrugada y ¡saben cuánto les gusta a mami y papi bailar hasta muy tarde!

Finalmente, tenemos que decidir qué vamos a comer, y qué vamos a regalarles. Sé que Rebeca, siendo vegetariana, casi siempre _____ su propia comida a las fiestas. Quizá esta vez podamos tener algo para ella. Necesito saber si hay otros que tengan limitaciones de dieta. Respecto al regalo, aunque normalmente

_____ regalos económicos, creo que para esta ocasión debemos estar dispuestos a gastar un poco más de lo acostumbrado. Al fin y al cabo, un matrimonio que dura tantos años ¡es algo formidable!

D. De compras. Completa la historia con las formas apropiadas de *gustar* según el modelo. Hay que incluir un complemento indirecto también.

Modelo

Suelo comprar mucha fruta porque a Susanita *le gustan* las naranjas.

1. A mí _____ _____ hacer las compras por la mañana porque

hay menos gente en el mercado. ¿A qué hora _____ _____

a ti ir de compras?

2. Necesito una docena de huevos porque a todos _____ _____ la tortilla española.

3. Si voy a prepararle a Miguelito las galletas que tanto _____ _____, necesito comprar más azúcar.

4. A nosotros _____ _____ las verduras frescas más que las enlatadas (*canned ones*).

5. A mí _____ _____ los platos típicos del Suroeste.

E. Las quejas.   Escribe una expresión con *tener* para describir lo que pasa.

1. Mis vecinos hacen tanto ruido por la noche que es difícil dormir. Hoy mi familia y yo

_____ _____.

2. La temperatura está a 35 grados C. Todos _____

_____.

3. Yo sé que el examen va a ser difícil. _____ _____

de no sacar una buena nota.

4. Acabo de correr cinco millas en el sol. Hace mucho calor y yo _____

_____.

5. Hoy no podemos comer hasta las nueve de la tarde. Todos van a

_____ _____.

CAPÍTULO 5

En la universidad

En blanco y negro

A. ¿Qué estudio?

Para muchas personas, es difícil decidir qué carrera estudiar después de la escuela secundaria. La siguiente selección, de la revista *Tú internacional*, trata de este problema.

Antes de leer

Si no sabes exactamente qué quieres estudiar, es una buena idea investigar las posibilidades primero. Aquí tienes algunas fuentes (*sources*) de información sobre carreras. ¿Cuáles te parecen más útiles? Lee la lista y pon un número de 1 a 3 para indicar si la fuente es (1) muy útil, (2) regular o (3) poco útil.

_____ 1. hablar con los padres

_____ 2. hablar con los amigos

_____ 3. hablar con un consejero (*advisor*) académico

_____ 4. hablar con una persona que trabaja en la carrera

_____ 5. leer un libro sobre el tema

_____ 6. tomar un examen de aptitudes

_____ 7. buscar un trabajo relacionado para el verano

Y tú, ¿cómo te decidiste por tu carrera? ¿Cuáles de las técnicas mencionadas en la lista usaste para tomar tu decisión?

_____

_____

¿

GUÍA PARA
INDECISAS ETERNAS
Y DECIDIDAS
TITUBEANTES

Si ya comienzas a pensar en una carrera.... ¡Fantástico! Aquí tienes varias sugerencias. ¿Qué carrera te gusta? Empieza a investigar posibilidades desde ahora... ¡Se trata de tu futuro!

ué estudio?

¿Recuerdas aquella pregunta: "Qué quieres ser cuando seas grande?" Pues ha llegado la hora de comenzar a pensar —seriamente— en la respuesta. Lo malo es que te atraen varias carreras... pero no te decides por una. Quizás se debe a que no tienes una idea muy clara de lo que conllevan. En otras palabras: las relaciones públicas se te hacen fascinantes, pero ¿qué hace, realmente, la persona que trabaja en este campo? Sólo tienes una idea vaga. Es por eso que antes de decidirte por una carrera o profesión, te sugerimos que:

● Investigues el campo. Lee sobre la carrera que te interesa. En la biblioteca pública hay muchos libros que explican en qué consisten. ¡Úsalos!

● Entrevistes a una persona que esté ejerciendo esa carrera. Un ejemplo: vamos a suponer que te gustaría ser locutora de radio. Llama a una emisora de radio local y pide hablar con algún locutor; explícale cuál es tu interés y dile que te interesa hacerle algunas preguntas. En la mayoría de los casos, la per-

sona accede gustosa. Prepara tus preguntas de antemano, para que no desperdicies el tiempo de un profesional ocupado. Doctores, abogados, arquitectos, maquillistas, aeromozas... Todos se sentirán halagados por tu interés, y apostamos a que te dedicarán por lo menos cinco minutos. Pero asegúrate de que se trata de una persona seria y de toda confianza. Anda con cautela...

● Trates de obtener una posición de aprendiz en esa profesión. Ofrécete a ayudar "en lo que sea"... gratuitamente. Ponle un límite de tiempo a la oferta: trabajarás en una emisora de radio, por continuar con ese ejemplo, durante las vacaciones de verano. Sin cobrar un centavo... en plata. Pero ganarás "una fortuna" en experiencia. Es más: te garantizamos que descubrirás, de una vez por todas, si esa carrera es para ti. Haz la prueba. Eso sí: no importa la labor que te encarguen —preparar el café, vaciar los cestos de papeles— compórtate como toda una pro-

fesional (para que dejes una excelente impresión) y conviértete en esponja. Absorbe todo lo que pasa a tu alrededor; siempre que puedas, pregunta, investiga, descubre los detalles de tu carrera favorita. Aprovecha esta gran oportunidad.

● Determines —desde ahora— si realmente te gusta esa profesión... o si sólo deseas complacer a papá y mamá, que sueñan con que te conviertas en una flamante arquitecto, médico, etc. Es muy importante que seas honesta contigo misma. Recuerda que el trabajo es una parte muy importante de la vida. Si tienes que trabajar ocho horas diarias en algo que no te gusta, el dinero será tu única recompensa, pero ¿cuál será la calidad de tu vida? Piénsalo mucho.

Para ayudarte en esta "cacería", aquí tienes las carreras más populares entre las chicas... como tú. ¿Cuál te tienta? ¡A descubrirlo!

Comprensión

Ahora lee la selección y contesta las preguntas en español.

1. ¿Cuáles son las cuatro recomendaciones del artículo sobre cómo escoger una carrera? Escribe brevemente en español en tus propias palabras (*in your own words*):

a. *Leer un libro sobre la carrera* _____

b. _____

c. _____

d. _____

2. Si decides entrevistar a una persona, ¿qué debes preparar primero? ¿Por qué?

_____

_____

3. ¿Qué tipo de "fortuna" puedes ganar si trabajas de aprendiz (*as an apprentice*)?

_____

_____

4. Según el artículo, ¿qué importancia debe tener (*should have*) el dinero en la decisión?

_____

_____

Después de leer

Ejercicio 1. ¿Qué carreras te interesan? ¿Cuál te gustaría investigar? Imagínate que tienes una entrevista con una persona que trabaje en ese campo (*field*). ¿Qué preguntas quieres hacerle? Escribe aquí cuatro o cinco preguntas para la entrevista.

_____

_____

_____

_____

Ejercicio 2. Conversa con un(a) compañero(a) de clase sobre estos temas; anoten (*jot down*) algunos de sus comentarios.

1. ¿Cuáles son las características o los conocimientos más importantes para las siguientes carreras? ¿Cuáles son importantes para tu carrera?

Carreras	Características / Conocimientos
arquitecto(a)	el tacto
locutor(a) de radio	la diplomacia
abogado(a)	la facultad creadora (*creative*)
doctor(a)	el intelecto
aeromozo(a) (*flight attendant*)	el carisma
relaciones públicas	la capacidad de trabajar bajo presión
	la perseverancia
	los conocimientos sobre el uso de computadoras
	la energía
	la facilidad para escribir
	la voz (*voice*) resonante
	la iniciativa
	la cooperación
	la flexibilidad
	el sentido de humor

Modelo

Un(a) locutor(a) de radio debe tener la voz resonante y...

_____

_____

_____

_____

_____

2. ¿Qué otras carreras te interesan? ¿Cuál es el atractivo de cada una? ¿Cuál es tu opción más práctica? ¿Cuál es tu opción más lucrativa?

_____

_____

_____

B. "Las estatuas"

Esta selección es un microcuento del escritor argentino, Enrique Anderson Imbert. Es uno de los cuentos de su antología, *El gato de Cheshire*.

Antes de leer

Ejercicio 1. Contesta las preguntas en frases completas en español.

1. Los estudiantes tienen fama de hacer bromas. ¿Has oído de alguna broma hecha por un(a) estudiante atrevido(a) (*bold*)? Explica qué hizo.

_____

_____

2. ¿Conoces a una persona traviesa (*mischievous*)? ¿Quién es? ¿Por qué dices que es travieso(a)?

_____

_____

Ejercicio 2. Aquí tienes algunas palabras importantes del cuento. Completa las dos actividades antes de leer el microcuento.

1. Relaciona la palabra con su definición.

_____ 1. la fundadora   **a.** una escuela secundaria

_____ 2. el colegio   **b.** una señorita o una señora

_____ 3. el dormitorio   **c.** el antónimo de "limpio"

_____ 4. la mujer   **d.** el espíritu de una persona muerta

_____ 5. el fantasma   **e.** la persona que establece (*establishes*) una institución

_____ 6. la pintura   **f.** una residencia para estudiantes

_____ 7. sucio   **g.** material usado para pintar (para cambiar el color

            de un cuarto o de un edificio)

2. Completa el cuento con la palabra más lógica de la lista.

(*In this exercise you may need to "adapt" the word slightly, by making noun-adjective agreement, checking for singular vs. plural nouns, etc.*)

la broma	*practical joke*
dormido	*asleep*
gozar	*to enjoy*
la huella	*footprint*
el jardín	*garden*
la mano	*hand*
el suelo	*ground; surface*
travieso	*mischievous*

No es una chica difícil, sólo un poco _____. Le fascina hacer

_____. Es obvio que ella _____ de las reacciones de sus amigos. A la

una de la madrugada ella sale silenciosamente de su residencia. Pasa por las plantas que adornan el

_____ del patio. Nadie la oye porque, a esa hora, todos están _____.

Toma mucho cuidado para no dejar (*leave*) ninguna _____ en el

_____ entre las flores. Su plan es perfecto. Todo lo que necesita lo guarda en la

_____ derecha.

Las estatuas (*El gato de Cheshire*)

En el jardín de Brighton, colegio de señoritas, hay dos estatuas: la de la fundadora y la del profesor más famoso. Cierta noche—todo el colegio, dormido—una estudiante traviesa salió a escondidas° de su dormitorio y pintó sobre el suelo, entre ambos pedestales, huellas de pasos: leves pasos de mujer, decididos pasos de hombre que se encuentran en la glorieta° y se hacen el amor° a la hora de los fantasmas. Después se retiró con el mismo sigilo regodeándose por adelantado°. A esperar que el jardín se llene de gente. ¡Las caras que pondrían! Cuando al día siguiente fue a gozar la broma vio que las huellas habían sido lavadas y restregadas°: algo sucias de pintura le quedaron° las manos a la estatua de la señorita fundadora.

sneaked out, slipped out

come together in the arbor
make love
having a good laugh in anticipation

scrubbed clean
remained, were still there

Comprensión

¿Son ciertas o falsas estas oraciones? ¿Cómo lo sabes? Busca la justificación en el texto y subraya (*underline*) esa frase.

_____ 1. Hay solamente una estatua en el jardín del colegio.

_____ 2. La estudiante pintó las huellas por la noche.

_____ 3. Las huellas van todas en la misma dirección.

_____ 4. Por la mañana, todas las estudiantes ven las huellas.

_____ 5. La estatua de la fundadora tiene un aspecto diferente por la mañana.

Y tú, ¿qué piensas? ¿Por qué están sucias las manos de la estatua de la fundadora?

_____

_____

Después de leer

Conversa con un(a) compañero(a) de clase sobre los siguientes temas.

1. ¿Te gusta hacer bromas? ¿Has hecho una broma recientemente? ¿Qué hiciste? ¿Cómo reaccionaron "las víctimas" de la broma?

2. ¿Te gustan los cuentos de fantasmas? ¿Conoces algún cuento de fantasmas sobre tu ciudad o tu estado? ¿De qué o de quién trata? (*What or whom is it about?*)

Escribamos un poco

Paso 1

A. Comparando agendas. Examina la agenda de Edgardo y la de su amiga Rita para mañana, miércoles. Después, contesta las preguntas en frases completas en español.

La agenda de Edgardo

8:00		2:00	
9:00	9:30 BIOL 3219— Biología de invertebrados	3:00	
10:00		4:00	laboratorio (Biología de invertebrados)
11:00	BIOL 3503—Ecología general	5:00	
12:00	12:30 BIOL 3604—Contaminación y análisis ambiental del agua	6:00	fútbol
1:00		NOCHE:	9:15 cine con Rita

La agenda de Rita

8:00	8:30 cita con el dentista	2:00	
9:00		3:00	
10:00		4:00	GEOG 3024— Climatología
11:00	11:30 GEOG 1144—Introducción a las ciencias oceánicas	5:00	5:30 lección de tenis
12:00	12:30 GEOG 3014—Cartografía y fotografía aérea	6:00	
1:00		NOCHE:	7:30 último episodio de "Mi prima Raquel" 9:15 cine con Edgardo

1. ¿Quién va a estar más ocupado el miércoles, Edgardo o su amiga Rita? Explica por qué.

   _____

   _____

2. Si ambos (*both*) se levantan una hora y media antes de sus clases, ¿quién se levanta más temprano, Edgardo o Rita? ¿Quién tiene que levantarse más temprano el miércoles? ¿Por qué?

   _____

   _____

3. ¿Cuántas clases y cuántos laboratorios tiene Edgardo los miércoles? ¿Y Rita? ¿Puedes adivinar (*guess*) para qué carreras estudian?

_____

_____

_____

_____

4. ¿A qué hora empieza la última clase de Edgardo? ¿Y la de Rita?

_____

_____

5. ¿A qué hora crees que almuerzan Edgardo y Rita? ¿Aproximadamente a qué hora cenan? ¿Qué hace Rita mientras cena?

_____

_____

6. ¿Qué hace Edgardo después de su laboratorio? ¿Qué hace Rita después de sus clases universitarias y antes de volver a casa?

_____

_____

7. ¿Cómo van a divertirse Edgardo y Rita la noche del miércoles?

_____

_____

8. Compara tu horario para el miércoles con el de Edgardo y el de Rita. ¿Estás más ocupado(a) o menos ocupado(a) que ellos? ¿A qué hora almuerzas tú? ¿Cómo te diviertes por la noche?

_____

_____

_____

_____

ATAJO

Phrases/Functions: Talking about daily routines

Vocabulary: Leisure; sports

Grammar: Verbs (reflexives); Comparisons

B. Los fines de semana.   Imagínate que a un estudiante de Chile le interesa la idea de estudiar en tu universidad. Él ya sabe mucho sobre cuestiones académicas; tú tienes que explicarle un poco sobre la vida social. Escribe uno o dos párrafos en los que describes cómo es un fin de semana típico en tu universidad.

Piensa primero en qué hacen los estudiantes de tu universidad en un fin de semana "típico". ¿Cuáles son las actividades más populares? ¿En qué se diferencia el horario del sábado o del domingo del horario de los días de clases? Durante los fines de semana, ¿qué hacen los estudiantes con respecto a sus estudios, su trabajo y sus diversiones?

Vocabulario útil

la mayoría de los estudiantes	*the majority of the students*
algunos...y otros...	*some . . . and others . . .*
(casi) nadie	*(almost) nobody/no one*

_____

_____

_____

_____

_____

_____

_____

_____

_____

_____

_____

_____

_____

_____

_____

Paso 2

ATAJO

Vocabulary: Professions; studies; university

A. Dejando mensajes.   En la página 78 hay fragmentos de cartas de dos personas diferentes. Escribe una respuesta para cada una de las cartas.

1. Acabas de recibir una carta importante de tus padres. Aquí tienes una parte de ella. En la carta, tus padres expresan su preocupación por tus planes para el futuro. ¿Cómo les contestas?

Ya que has pasado casi un año en la universidad, esperamos que tengas una idea más clara (a better idea) de tus planes para el futuro. Tu mamá y yo creemos que es muy importante que elijas (that you pick) tu carrera muy pronto. ¡Bien sabes que es muy caro asistir a la universidad! Así que, por favor, en tu próxima carta, cuéntanos (tell us) un poco sobre lo que has decidido hacer—cuál va a ser tu carrera, qué planes tienes con respecto a una profesión—en fin, qué quieres de la vida.

_____
_____
_____
_____
_____
_____
_____
_____
_____
_____
_____
_____
_____

_____
_____
_____
_____
_____
_____
_____
_____
_____
_____
_____
_____

2. Acabas de recibir una carta de un amigo de tu pueblo/ciudad. Él piensa asistir a tu universidad el año que viene y quiere saber tus opiniones. ¿Qué le dices?

Bueno, como ya sabes, pienso asistir a la universidad el año que viene. Para decirte la verdad, tengo un poco de miedo porque hay tantas clases y tantas posibilidades. Ya que (Since) tienes más experiencia que yo, ¿puedes orientarme un poco? Por ejemplo, ¿cuáles son las clases o asignaturas que los estudiantes del primer año tienen que tomar? ¿Tengo que declarar mi carrera el primer semestre? Y ¿cómo son los profesores de la universidad? ¿Son muy exigentes y fríos como todos dicen?

B. La universidad de Puerto Rico. Imagínate que quieres asistir a la Universidad de Puerto Rico el año que viene. Para cambiar de universidades, tienes que llenar la solicitud y también escribir un breve ensayo (*essay*).

1. En la solicitud tienes que indicar varios datos biográficos y académicos. Busca la letra (A, B, C, etc.) en la solicitud que corresponde a la siguiente información:

_____ complete name	_____ kind of visa you have
_____ address	_____ undergraduate vs. graduate work
_____ major	_____ session you are applying for
_____ sex	_____ place of birth/citizenship status/ permanent residence
_____ date of birth	_____ day vs. night school/weekend program
_____ social security number	_____ previous universities you have attended

Ahora completa la solicitud. (*Some parts of the form require the use of* códigos, *or codes; you may omit those parts or simply write in the answer without referring to the code.*)

UNIVERSIDAD DE PUERTO RICO
RECINTO DE RIO PIEDRAS
OFICINA DE ADMISIONES

NUM. SOL _____

SOLICITUD DE TRANSFERENCIA
NIVEL SUBGRADUADO

LEA LAS INSTRUCCIONES ANTES DE COMPLETAR ESTA SOLICITUD

A. APELLIDO PATERNO, MATERNO Y NOMBRE

B. NUMERO DE SEGURO SOCIAL

C. DIRECCION POSTAL Y PERMANENTE
APARTADO O CALLE Y NUMERO, APARTAMIENTO Y EDIFICIO

D. FECHA DE NACIMIENTO

| DIA | MES | AÑO |

E. SEXO CODIGO

M ☐ 1
F ☐ 2

URBANIZACION O BARRIO

CIUDAD Y PAIS

ZIP CODE

TELEFONO

VEA CODIFICACION EN EL MANUAL DE INSTRUCCIONES

F. SI ES EXTRANJERO INDIQUE TIPO DE VISA CODIGO

F ☐ F
J ☐ J
OTRA ☐ O

G. INDIQUE AÑOS DE RESIDENCIA EN P.R. CODIGO

Menos de 1 ☐ 1
1-5 Años ☐ 2
Más de 5 Años ☐ 3

H. PAIS DE NACIMIENTO CIUDADANIA Y RESIDENCIA PERMANENTE

| NACI- MIENTO | CIUDA- DANIA | RESID. PERMA. |

I. PUEBLO DE RESIDENCIA PERMANENTE

J. ZONA DE RESIDENCIA CODIGO

URBANA ☐ 1
RURAL ☐ 2

K. AÑO DE SOLICITUD ANTERIOR

L. SESION ACADEMICA PARA LA CUAL SOLICITA CODIGO

AGOSTO ☐ 1
ENERO ☐ 2
VERANO ☐ 3

M. TIPO DE PROGRAMA QUE PIENSA SEGUIR CODIGO

DIURNO ☐ 1
NOCTURNO Y/O SABATINO ☐ 2

N. NIVEL QUE INTERESA CODIGO

SUBGRADUADO ☐ 1
GRADUADO ☐ 2

O. INSTITUCIONES DE PROCEDENCIA
INDIQUE LAS ULTIMAS TRES INSTITUCIONES DE NIVEL UNIVERSITARIO DONDE HAYA ESTUDIADO, COMENZANDO CON LA ULTIMA O ACTUAL

1   2   3

VEA CODIFICACION EN EL MANUAL DE INSTRUCCIONES

P. CONCENTRACION QUE INTERESA

CERTIFICO QUE LA INFORMACION SUMINISTRADA EN ESTA SOLICITUD ES VERIDICA Y COMPLETA. AUTORIZO A INVESTIGARLA SI FUERA NECESARIO.

_____   _____
Fecha   Firma

2. También tienes que escribir un breve ensayo porque la administración tiene que evaluar tu dominio del español. Incluye las siguientes informaciones:

   a. tu nombre, origen y domicilio actual
   b. el nombre de tu universidad, tu carrera y tus planes para el futuro
   c. por qué quieres estudiar en Puerto Rico y qué clases esperas tomar allí

_____

_____

_____

_____

_____

_____

_____

_____

_____

_____

_____

_____

_____

_____

Paso 3

A. ¿Bueno, malo o regular?   Los dibujos representan una semana en la vida de Raúl, un estudiante universitario. Para cada día, escribe dos a tres oraciones que describan lo que pasó. Primero, indica si el día fue bueno, malo o regular; después, explica qué hizo.

Modelo

El lunes fue un día malo. Raúl se levantó a las diez y cuarto y llegó tarde a su laboratorio de química.

martes

_____
_____
_____
_____

miércoles

_____
_____
_____
_____

jueves

_____
_____
_____
_____

viernes

_____
_____
_____
_____

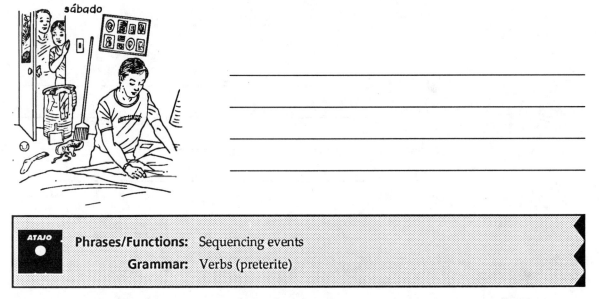

ATAJO

Phrases/Functions: Sequencing events

Grammar: Verbs (preterite)

B. Mi diario. Imagínate que ayer fue el mejor **o** el peor día de tu vida. Escribe en tu diario todo lo que te pasó. Puedes escribir sobre acontecimientos verdaderos (*real*) o imaginarios.

Diario

Todo oídos

La emisora de radio WSEC 104.5 les presenta...

"En la comunidad".   Escucha la entrevista con el doctor Antonio Padilla en el programa "En la comunidad" donde se comentan temas de interés en la comunidad; luego, contesta las preguntas.

_____ 1. El Dr. Padilla es...

    a. Decano de los estudiantes.
    b. Director de los estudiantes.
    c. Director de Admisiones.

    2. Escribe dos datos sobre la Universidad Internacional.

_____

_____

_____ 3. ¿Cuál de los documentos siguientes NO es necesario para ingresar en la Universidad?

    a. un diploma de una escuela superior.
    b. una certificación de las materias aprobadas y de las notas que sacó.
    c. una recomendación de un maestro en su escuela superior.

_____ 4. El problema de Melba es que su hijo Luis...

    a. quiere estudiar en una universidad muy cara.
    b. no estudia y saca malas notas.
    c. no quiere vivir tan lejos de sus padres.

_____ 5. Según el Dr. Padilla, Luis necesita...

    a. una carta de su decano.
    b. trabajar por un año.
    c. vivir en su propio apartamento por un tiempo.

_____ 6. ¿En qué ocasión puedes usar el producto que se anuncia?

    a. el Día de Acción de Gracias.
    b. el Día de Año Nuevo.
    c. el Día de las Madres.

_____ 7. El problema de Eduardo tiene que ver con...

    a. la falta de interés de su hija Pilar.
    b. la falta de habilidad de su hija Pilar.
    c. la falta de dinero para pagar la universidad.

_____ 8. El próximo programa les va a interesar a...

    a. los adolescentes.
    b. los padres de niños difíciles.
    c. los recién casados.

La pronunciación

Ahora, escucha y repite las palabras con las letras *j, h* y *x*.

A. La consonante *j*.   The letter *j* is pronounced like the strong English *h* in the word *hope*.

jalapeño	jirafa	pájaro
jornal	jovial	judicial

José y Juana van a jugar al jai alai en Jalisco.

B. La consonante *h*.   The letter *h* is always silent in Spanish.

hacienda	helicóptero	hepatitis
hernia	historia	honesto

Héctor y Hortensia hacen helado en el hotel.

C. La consonante *x*.   The letter *x* has several pronunciations:

1. When an *x* appears before a consonant, as in the word *extraer*, it sounds like the *s* in the word *sir*.

excepto	extra	extensión
exterior	exportar	expresión

2. When an *x* appears between vowels, as in the word *exótico*, it sounds like the combination *ks*.

flexible	laxante	oxígeno
exacto	exilio	éxito

Los excéntricos exhiben cosas exóticas.

3. The words *Mexico* and *Texas* are written with an *x* in English, but in Spanish they may be written either with an *x* or a *j* (*Méjico* and *Tejas*) and are pronounced like a Spanish *j*.

Repasemos

A. De costumbre.   Combina los elementos para formar frases completas en el tiempo presente.

Modelo

yo / levantarse / temprano
Me levanto temprano.

1. mi compañera y yo / despertarse a las siete

_____

2. yo / ducharse / todos los días / porque / tener que / lavarse el pelo

_____

3. yo / vestirse / rápido

_____

4. mi primera clase / empezar / ocho

_____

5. mi compañera / preferir / bañarse / antes que nada

_____

6. después / ella / vestirse / y / pintarse

_____

7. yo / maquillarse (*to put on make-up*) / poco

_____

8. ella / lavarse los dientes / por la mañana y por la noche

_____

9. yo / preferir / lavarse los dientes / después de / comer

_____

10. ¿y tú / con qué frecuencia / lavarse los dientes?

_____

11. nuestras vecinas / divertirse / los fines de semana

_____

12. nosotras / querer / divertirse / también

_____

13. ¿Por qué / ustedes / acostarse / tan tarde?

_____

14. yo / acostarse / tarde / también

_____

15. los sábados / nadie (*nobody*) / tener que / levantarse / temprano

_____

B. En busca de trabajo.   Completa la historia de Javier en la que cuenta lo que le pasó en busca de trabajo. Escribe cada verbo en el pretérito.

[Yo] _____ (salir) de casa antes de las nueve, pero el autobús

_____ (pasar) más temprano de lo normal y lo _____

(perder). La cita con el jefe de la compañía _____ (ser) a las 10:30.

[Yo] _____ (preocuparse) un poco de la hora y

_____ (irse) en taxi. [Yo] _____ (llegar) 15 minutos

temprano.

El recepcionista me _____ (presentar) al jefe. Él y yo

_____ (entrar) a su oficina y _____ (sentarse).

Él me _____ (hacer) varias preguntas sobre mi educación y experiencia.

Yo le _____ (explicar) mis razones para solicitar el trabajo. Él y yo

_____ (conversar) durante casi una hora. Al salir, unos empleados

me _____ (ver) y me _____ (hablar) de la compañía.

Al día siguiente el jefe me _____ (llamar) y me _____

(ofrecer) el trabajo. Yo _____ (empezar) a trabajar la semana próxima.

C. ¿Qué hiciste ayer?   La Sra. Becerra quiere saber qué hizo su hija ayer, su primer día en la universidad. Escribe las preguntas y las respuestas en el pretérito según las indicaciones.

1. ¿a qué hora / despertarse / (tú)?

_____

(yo) / despertarse / 7:00

_____

2. ¿dónde / comer / desayuno / (tú)?

_____

(yo) / comer / en la cafetería

_____

3. ¿cuándo / conocer / (tú) / tu compañera de cuarto?

_____

(nosotras) / conocerse *(to meet each other)* / por la mañana

_____

4. ¿cómo / llegar / ustedes / a las clases?

_____

(nosotras) / llegar / en autobús

_____

5. ¿a cuántas clases / asistir / (tú)?

_____

(yo) / asistir / cuatro

_____

6. ¿qué / hacer / (tú) / después?

_____

(yo) / estudiar

_____

7. ¿adónde / ir / ustedes / anoche?

_____

(nosotras) / ir / a un concierto

_____

8. ¿quién / cantar / y / tocar?

_____

el coro / cantar / y / unas bandas / tocar

_____

CAPÍTULO 6

Problemas y diversiones en la ciudad

En blanco y negro

A. "Jet lag"

El siguiente artículo, tomado de la revista *Vanidades*, trata de un problema común a todos los viajeros: el "jet lag."

Antes de leer

¿Has sufrido del "jet lag" alguna vez (*ever*)? Es un malestar muy común entre los viajeros de avión. ¿Cuáles son los síntomas del "jet lag"? Indica con una X cuáles de los siguientes síntomas te afectan. (Si nunca has tenido "jet lag," indica con una X los síntomas más probables.)

_____ 1. No puedo dormir.

_____ 2. Tengo muchas ganas de dormir.

_____ 3. Tengo dolor de cabeza.

_____ 4. Tengo dolor de estómago.

_____ 5. Me duelen las piernas.

_____ 6. Estoy de mal humor.

_____ 7. No puedo concentrarme.

_____ 8. Tengo mucha hambre.

_____ 9. No tengo ganas de comer.

_____ 10. Estoy muy cansado(a).

¿Conoces algún remedio para este problema? Escribe aquí tu consejo:

_____

_____

¿**S**COMO EVITAR EL "JET LAG"

abe lo que es? Es ese malestar y trastorno en el sueño que producen los viajes largos —más de 3 horas de diferencia— en avión. Además de insomnio, producen pérdida del apetito y, a veces, también causan dolor de cabeza e irritabilidad al 94% de los viajeros y algún que otro malestar al resto. Lo normal es que cada zona que cruce le demore un día en reajustarse. Los viajes al este son los peores en este sentido porque acortan el ciclo del día a la noche. Aquí les damos algunas estrategias para que no le afecten tanto:

● Reajústese de antemano acostándose y levantándose una hora más temprano todos los días, por varios días, cuando vaya a volar hacia el este. Haga lo mismo, pero una hora más tarde si va al oeste.

● Coma alimentos altos en proteínas al desayuno y el almuerzo para que la mantengan alerta y altos en carbohidratos en la cena para que le produzcan sueño.

● Evite el alcohol y el café, alteran el sueño y aumentan el *jet lag*.

● Coma y duerma a las horas normales del país a su llegada. Si no puede dormir, pídale a un médico algún soporífero suave que la ayude.

> **Una vez que pueda quitarse el cinturón de seguridad, camine y muévase dentro del avión para activar la circulación y evitar los calambres y que los pies se le hinchen**

● Trate de salir. La luz ayudará a que su organismo se reajuste; igual que los ejercicios.

● Llegue 1 o 2 horas antes de alguna reunión importante para irse adaptando al horario.

● Coma moderadamente en el avión, sobre todo si tiende a marearse. Prefiera alimentos ligeros y poco condimentados. Evite los refrescos por la acidez.

● Cuídese de las comidas y bebidas muy saladas que la puedan deshidratar.

● Lleve algo para comer en el viaje si el vuelo es largo o no le gusta la comida del avión. Las frutas, galletas, vegetales crudos y nueces sin sal son fáciles de llevar.

● Si está a dieta o prefiere comidas ligeras, dígalo al hacer la reservación. Las comidas bajas de sal y colesterol, *kosher*, vegetarianas, a veces están disponibles.

Comprensión

Lee el artículo sobre el "jet lag" y completa este ejercicio. ¿A qué público se dirige el artículo?

1. Según este artículo, ¿cuáles son los síntomas principales del "jet lag"? Completa las siguientes frases en español.

a. Una persona que está sufriendo del "jet lag" no puede _____.

b. Muchas veces, no tiene ganas de _____.

c. A veces, le duele _____.

d. También, a veces está _____.

2. ¿Cuál produce síntomas más graves —un viaje de California a Nueva York o un viaje de Nueva

York a California? _____

3. Indica si las siguientes frases son ciertas (C) o falsas (F).

_____ a. Si piensas viajar de Virginia a Arizona, debes levantarte una hora más temprano todos
los días por varios días.

_____ b. El día de tu viaje, es una buena idea comer comidas como carne o huevos para tu
desayuno.

_____ c. Una taza de café es beneficiosa para combatir el "jet lag."

_____ d. No debes tratar de adaptarte a las horas normales del país que estás visitando; debes
mantener tus propias horas.

_____ e. Durante el vuelo, es buena idea dormir lo máximo posible; puedes obtener un medica-
mento de tu médico para esto.

_____ f. Al llegar a tu destino, es buena idea caminar un poco o hacer otro tipo de ejercicio.

_____ g. Ya que (*Since*) la deshidratación es un problema, debes beber muchos refrescos.

_____ h. Para los viajes largos, es bueno llevar comidas como manzanas, uvas y zanahorias.

Después de leer

Imagínate que tú y tu compañero(a) de clase son agentes de viajes. Ustedes piensan escribir un folleto (*pamphlet*) con consejos para sus clientes. Usando mandatos formales, escriban aquí sus diez
mejores consejos, sus diez mandamientos (*commandments*) para viajeros.

Los diez mandamientos para viajeros

1. _____

2. _____

3. _____

4. _____

5. _____

6. _____

7. _____

8. _____

9. _____

10. _____

B. En el extranjero

¿Te gustaría viajar al extranjero para trabajar o para estudiar? El siguiente artículo de *Cosmopolitan* te informará sobre algunas de las posibilidades.

Antes de leer

¿Te gustaría visitar otro país? Lee las siguientes frases e indica con una X la opción que te interesa más en cada caso.

1. Me gustaría mucho...

   _____ estudiar en el extranjero.

   _____ trabajar en el extranjero.

   _____ vivir en el extranjero.

2. Si pudiera (*If I could*) pasar unos meses en el extranjero, me gustaría...

   _____ alojarme en una pensión o residencia para estudiantes.

   _____ vivir con una familia.

   _____ tener mi propio apartamento.

3. El país que más me gustaría visitar es...

   _____ España.

   _____ México.

   _____ Otro: _____.

4. Con respecto a la posibilidad de trabajar en el extranjero, me gustaría...

   _____ ser camarero(a) en un restaurante.

   _____ dar lecciones de inglés.

   _____ trabajar de niñera (*nanny*).

   _____ Otro: _____.

5. Para mí, el mayor obstáculo para ir al extranjero es que...

   _____ no tengo suficiente dinero para el viaje.

   _____ es muy difícil obtener los permisos y documentos necesarios.

   _____ no tengo tiempo.

   _____ mis padres no me lo permiten.

   _____ no domino el idioma.

Vive "tu gran aventura" en el EXTRANJERO

Si eres una verdadera chica Cosmo, seguramente se te habrá ocurrido pasar una larga temporada en el extranjero.

CÓMO REALIZAR TU SUEÑO

Déjame decirte que tu fantasía puede llegar a convertirse en realidad. Para las jóvenes que deseen aventurarse en el extranjero existen unas cuantas opciones. Si tienes entre 21 y 28 años y eres estudiante, o quieres cursar ciertos estudios por ejemplo, en Europa, hay diferentes ciudades donde se te ofrece la oportunidad de aprender idiomas, arte, música, diseño o cualquier otra especialidad. Y lo mejor es que tienes la posibilidad de alojarte en pensiones para estudiantes, por un precio módico (mucho más bajo que el de un hotel). También puede gestionarse el hospedaje en casas de familia particulares, donde no sólo podrás palpar de primera mano, cómo se viven en realidad en ese sitio, sino que también podrás practicar el idioma… ¡todo el tiempo!

En ciertas ciudades universitarias el estudiante tiene privilegios internacionales y recibe descuentos desde en el transporte hasta en las entradas a museos y teatros. Y en cuanto a empleos, se puede gestionar un permiso de trabajo. Sobre todo en ciertos meses del año, tanto en lugares de verano como en estaciones de esquí, los estudiantes pueden laborar en restaurantes como meseros, en tiendas como dependientes o cajeros, o como maleteros o recepcionistas en hoteles.

¡A TRABAJAR!

Para trabajar en el extranjero lo recomendable es que empieces a especializarte en una profesión o un oficio que tenga demanda en el lugar que te interesa, y buscar contactos con personas que puedan ofrecerte trabajo dentro de esa especialidad. Podrías trabajar para una revista en tu propio idioma, o enseñar tu lengua natal a la vez que aprendes la del lugar… Aquí, como en el caso de los estudiantes, lo mejor es llamar al consulado del país a donde vayas, para informarte de los pormenores. Una vez que obtengas el trabajo, el papeleo es algo complicado, pero de eso se ocupa casi siempre la compañía interesada… Hay miles de personas trabajando en el extranjero, ¿por qué no ser tú una de ellas?

VACACIONES PRODUCTIVAS

A veces una vacación se convierte en una posibilidad de trabajo. Antón, un excelente pianista que visitaba Londres, estaba en un *pub* y se puso a tocar el piano para divertirse; acabó contratado allí por el dueño, y lleva dos años conociendo Inglaterra.

Lo mismo en Suecia que en París hacen falta damas de compañía, niñeras, o alguien que ayude con los quehaceres hogareños. Mucha chica joven se coloca de acompañante de señoras de buena posición. A las que hacen de niñeras, desde luego, tienen que gustarle los niños y estar dispuestas a pasear en bicicleta con ellos, y probablemente hasta sacar al perrito. Pero es una buena forma de tener albergue y comida gratis y, además, percibir un sueldo, con días libres a la semana.

Ya sea en un *bistro* en París o en un *kibutz* en Israel, trabajar en el extranjero es una de las experiencias más extraordinarias del mundo. ¿No te animas?

Comprensión

Ahora, lee el artículo y completa el resumen (*summary*) en español.

Hay tres opciones para vivir "tu gran aventura" en el extranjero.

La primera opción es que puedes estudiar en el extranjero. Puedes tomar cursos como

_____. Esta opción es principalmente

para estudiantes entre _____ y _____ años de edad. Con respecto al alojamiento (*lodging*),

puedes _____ o _____

_____. Una ventaja (*advantage*) de vivir con una familia es que

puedes _____. En algunas ciudades,

los estudiantes tienen privilegios especiales; por ejemplo, reciben _____

en _____ o en _____.

A veces, un estudiante también puede trabajar en un _____ , una

_____ o un _____ .

La segunda opción es trabajar en el extranjero. Esto es un poco más complicado pero existen

oportunidades. Por ejemplo, puedes _____

o _____. Para obtener más informa-

ción sobre los permisos y la documentación necesarios, es mejor llamar _____

_____ .

Una tercera opción es combinar tus vacaciones con un empleo temporal (*temporary*). Por ejem-

plo, puedes ser _____ de señoras de buena posición o _____ .

A veces, no se gana mucho dinero en estas posiciones, pero se recibe _____

y _____ .

Después de leer

Tú y tu compañero(a) de clase van a hablar de la posibilidad de vivir una gran aventura en el extranjero. Completen las siguientes preguntas en español.

1. ¿Cuál de las tres opciones les interesa más a ti y a tu compañero(a)?

   _____ estudiar en el extranjero

   _____ trabajar en el extranjero

   _____ combinar las vacaciones con un empleo temporal

2. Ahora, describan su gran aventura. Incluyan información sobre qué país ustedes piensan visitar, cuánto tiempo quieren quedarse, qué quieren hacer allí, et cétera.

   _____

   _____

   _____

   _____

   _____

   _____

   _____

3. ¿Qué información necesitan ustedes para realizar su sueño (*dream*)? Imagínense que ustedes tienen la oportunidad de entrevistar a una persona que ya ha hecho (*who has already done*) lo que ustedes quieren hacer. ¿Qué preguntas le harían ustedes (*would you ask*) a esta persona? Escriban aquí cinco preguntas en español.

   _____

   _____

   _____

   _____

   _____

   _____

   _____

Escribamos un poco

Paso 1

A. Explique, por favor. En un hotel en México, D.F., los turistas necesitan la ayuda del recepcionista. Usa mandatos formales para tres de los verbos de la lista para dar las instrucciones necesarias.

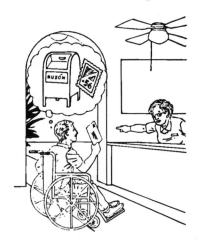

comprar   poner   ir   escribir

Primero _vaya a la librería que está en la esquina._

Luego _____

Finalmente _____

marcar (*to dial*)   decir   pagar   dar

Primero _____

Luego _____

Finalmente _____

leer   buscar   bajarse (*get off*)   tomar

Primero _____

Luego _____

Finalmente _____

llamar   hacer   ir   pedir

Primero _____

Luego _____

Finalmente _____

ATAJO	**Phrases/Functions:** Asking for and giving directions
	Vocabulary: University
	Grammar: Verbs: Imperative—*usted(es)*

B. El fin de semana de los padres.   La madre de tu compañero(a) de cuarto llega a la residencia, buscando a su hijo(a). Pero él/ella está en la biblioteca. Ya que (*Since*) ella es hispanohablante, tú escribes las instrucciones para ir de la residencia a la biblioteca. Usa mandatos formales y otras expresiones de obligación para explicarle la mejor ruta para llegar. Trata de no repetir los verbos.

Sí, señora, es facil ir a la biblioteca de aquí. Primero, salga de este edificio y _____

_____

_____

_____

_____

_____

_____

_____

_____

_____ y sin ningún problema usted va a llegar a la biblioteca.

Paso 2

A. En los Estados Unidos.   Para Susana, una turista uruguaya en los Estados Unidos, es importante saber cómo se hacen las cosas en este país. Completa su conversación con Joshua, un norteamericano, en la página 98. Hay que usar una expresión con *se* en tu respuesta.

Modelo

Susana: Sólo tengo pesos pero no me sirven para hacer compras aquí.

Joshua: *Se cambia el dinero extranjero en Citibank.*

1. Susana: Necesito medicina para la garganta.

   Joshua: _____

2. Susana: Estoy contenta. Unos amigos me invitaron a un concierto de rock pero no sé dónde es.

   Joshua: _____

3. Susana: La pizza norteamericana es muy rica, ¿verdad? Me gustaría probarla.

   Joshua: _____

4. Susana: No veo ningún autobús para ir al centro comercial.

   Joshua: _____

5. Susana: No sé qué hacer por las noches.

   Joshua: _____

6. Susana: No tengo tarjeta de crédito, pero creo que debo conseguir *(get)* una pronto.

   Joshua: _____

7. Susana: Quiero viajar un poco durante mi visita a los Estados Unidos.

   Joshua: _____

Phrases/Functions:	Describing health
Vocabulary:	Body
Grammar:	Verbs: Imperative—*usted(es)*

B. ¡Me siento terrible!   ¿Qué les pasa a estas personas y qué recomendaciones reciben? Usa tu imaginación para escribir unos mini-diálogos entre ellos. Hay que incluir:

- preguntas y respuestas
- descripción de los síntomas
- recomendaciones para sentirse mejor

Alberto: *Ay, doctor. Estudié toda la noche y ahora me duele la cabeza.*

Dr. Milagros: *Usted debe dormir más. Tome dos aspirinas. Y, descanse. ¡No lea más!*

Alberto: *Y, ¿si no me siento mejor?*

Dr. Milagros: *Llame al consultorio mañana.*

1.

Farmacéutico: _____

_____

La Sra. Cortéz: _____

_____

Farmacéutico: _____

_____

La Sra. Cortéz: _____

_____

Doña Elena: _____

_____

La mamá: _____

_____

Doña Elena: _____

_____

La mamá: _____

_____

2.

Bernardo: _____

_____

El policía: _____

_____

Bernardo: _____

_____

El policía: _____

_____

3.

El entrenador: _____

_____

Los jugadores: _____

_____

El entrenador: _____

_____

Los jugadores: _____

_____

4.

Todo oídos

La emisora de radio WSEC 104.5 les presenta...

"Sitios de interés". Escucha el breve segmento informativo que se presenta todos los días en la 104.5 para informar a sus radioyentes sobre diferentes sitios famosos que existen en el mundo hispano. Luego, contesta las preguntas.

1. Debes visitar Cancún si te interesan _____ y _____.

2. De todas las actividades que se mencionaron, ¿cuál te gustaría hacer en Cancún durante el día?

_____

3. Escribe la información necesaria para visitar el Museo de Antropología.

_____

_____

4. ¿Qué aspecto negativo de Cancún mencionó uno de los turistas?

_____

5. Si quieres más información sobre Cancún, debes _____

_____

6. El anuncio público—¿cierto o falso?

_____ a. Es para personas enfermas.

_____ b. Solamente puedes donar tu corazón.

_____ c. Para ser un donante, necesitas una tarjeta especial.

La pronunciación

The letter *g* is pronounced in two different ways, depending on which letter follows it.

A. La letra *g* con *a, o* y *u*

1. When the letter *g* is followed by the vowels *a, o,* or *u,* or by a consonant, it is pronounced like the *g* in the English word *gossip.* Listen to the following words and repeat each one.

lengua	garganta	tengo	siga
pongo	preguntar	estómago	gusto

Gabriel golpeó a Gómez en el estómago.

2. In the combinations *gue* and *gui,* the *u* is silent and the *g* is pronounced like the *g* in the English word *glory.*

llegue	seguido	guía	guerra

El guerrillero no siguió en la guerra.

B. La letra *g* con *e* y con *i*. When a *g* is directly followed by either an *e* or an *i,* it is pronounced like a hard English *h.*

generalmente	germen	gigante	gimnasio

El general giró a Ginebra.

Repasemos

A. En Granada. Completa los diálogos entre el turista y el recepcionista mandón (*bossy*) del hotel en Granada. ¡Ojo! Tienes que usar primero el pretérito del verbo y después, un mandato formal. Sigue el modelo.

Modelo

Recepcionista: ¿Decidió usted qué va a hacer hoy?

Turista: No, no *decidí* nada.

Recepcionista: Pues, ¡*Decida usted* ahora!

Recepcionista: ¿Consultó usted la guía de turistas?

Turista: No, no _____ nada.

Recepcionista: Pues, ¡ _____ esta guía!

Recepcionista: ¿Comieron ustedes en el restaurante "Azahar"?

Turista: No, no _____ en ese restaurante.

Recepcionista: Pues, ¡_____ allí esta noche!

Recepcionista: ¿Fueron ustedes a conocer las cuevas (*caves*) gitanas?

Turista: No, no _____ a ese barrio.

Recepcionista: Pues, ¡_____ a conocer las cuevas (*caves*) más viejas!

Recepcionista: ¿Vio usted los jardines del Generalife?

Turista: No, no _____ nada.

Recepcionista: Pues, ¡_____ los naranjos (*orange trees*)!

Recepcionista: ¿Sacó usted fotos de la Alhambra?

Turista: No, no _____ ninguna.

Recepcionista: Pues, ¡_____ muchas!

Recepcionista: ¿Subieron ustedes al barrio del Albaicín?

Turista: No, no _____ a ninguna parte.

Recepcionista: Pues, ¡_____ por la noche!

Recepcionista: ¿Salieron ustedes a bailar?

Turista: No, no _____ a bailar.

Recepcionista: Pues, ¡_____ a una discoteca que se llama "El

Cristal"!

B. Me duele todo el cuerpo. Escribe la respuesta para saber qué les duele a estas personas. Sigue el modelo.

Modelo

¿Qué le pasa a Elena?

(los pies) *Le duelen los pies.*

1. ¿Qué te pasa?

(la garganta) _____

2. ¿Qué les pasa a los niños?

   (el estómago) _____

3. ¿Qué le pasa a Ud.?

   (los ojos) _____

4. ¿Qué les pasa a Rita y a Linda?

   (los dientes) _____

5. ¿Qué le pasa al abuelo?

   (los pulmones) _____

6. ¿Qué les pasa a Uds.?

   (las manos) _____

C. Mal de turista. Completa la historia de la mala experiencia que tuvo este turista. Escoge (*Choose*) los verbos de la lista a continuación. Es necesario usar el pretérito para hablar del pasado.

averiguar*	cerrar	continuar	doblar	llamar	llegar
salir	sentirse	subirse**	sufrir	ver	

Por dos horas yo _____ de dolores de estómago y náusea. Mi

esposa _____ las horas de consulta del médico y ella y yo

_____ inmediatamente del hotel. En la calle, yo _____

un taxi. Nosotros _____ al taxi y yo _____ la

puerta.

Primero, el taxista _____ en la misma dirección. Después él

_____ a la derecha hasta que [nosotros] _____ a la

plaza mayor. A dos cuadras de la plaza, yo _____ el consultorio del

médico. En ese momento [yo] _____ mucho mejor.

* averiguar   *to find out*
** subirse   *to get in*

CAPÍTULO 7

¡A divertirnos!

En blanco y negro

A. Historias de horror ("¡Gulp!... trágame tierra")

Todos pasamos momentos cuando pensamos "trágame tierra" (*may the earth swallow me up*). A veces, son momentos cómicos en que alguien hace una broma (*plays a joke*) y todos se ríen. A veces decimos o hacemos algo que resulta en una vergüenza (*embarrassment*) enorme. Antes de leer las historias de horror, completa los ejercicios en *Antes de leer*.

Antes de leer

Ejercicio 1. ¿Cuándo y dónde has experimentado (*have you experienced*) historias de horror? ¿En qué situaciones quieres que la tierra te trague? Pon una *X* al lado de las circunstancias que te han causado momentos terribles:

_____ 1. en reuniones de familia

_____ 2. durante una clase si no tengo la lección preparada

_____ 3. cuando mi equipo pierde el partido por mi culpa

_____ 4. cuando salgo por primera vez con alguien que me interesa mucho

_____ 5. cuando mis amigos me hacen una broma

_____ 6. en la escuela secundaria

Ejercicio 2. Lee las siguientes situaciones. Usa los asteriscos (****) para indicar cómo reaccionarías tú (*you would react*) a esas circunstancias. Puedes usar este sistema para indicar el grado de humillación de cada circunstancia:

**** humillación total

*** tremenda vergüenza

** los amigos se ríen (*laugh*)

* lo paso mal

_____ 1. Es hora de pagar la cuenta en un restaurante elegante y se te olvidó tu **cartera** (*wallet*) en casa. ¡No llevas ni un centavo!

_____ 2. Le dijiste a un amigo(a) que no podías salir con él (ella) porque estabas enfermo(a). La verdad es que estabas perfectamente bien, pero preferías salir con otro(a). Esa noche, ves a tu amigo(a) en una fiesta.

_____ 3. Pasaste toda la noche estudiando. Estás exhausto(a). Durante la clase de historia, te duermes. El profesor ve que estás durmiendo y llama tu nombre en voz **alta**. Te despiertas y todos te miran.

_____ 4. Te desvistes sin darte cuenta de que la ventana está abierta y todos los vecinos pueden verte "al natural."

_____ 5. Alquilas un video porque te fascina el título, *La naturaleza en la selva*. Creyendo que es un documental, invitas a los padres de tu novio(a) a verlo con ustedes. Resulta que es una película pornográfica.

Ejercicio 3. Aquí tienes algunas de las palabras importantes del artículo. Relaciona la palabra con su equivalente en inglés:

_____ 1. tropezar: no caminar bien, caerse   a. *luxurious*

_____ 2. agarrar: tomar con fuerza   b. *bra*

_____ 3. platillo volador: vehículo de otros planetas   c. *full*

_____ 4. repleto: completo, lleno   d. *to put on make-up*

_____ 5. colorada: roja   e. *to grab*

_____ 6. de lujo: muy elegante y costoso   f. *falsies*

_____ 7. maquillarse: pintarse los labios, los ojos, la cara   g. *to trip*

_____ 8. esconderse: ir adonde nadie te puede ver   h. *flying saucer*

_____ 9. ajustadores: sostén, una prenda de vestir para mujeres   i. *red*

_____ 10. postizos: artificiales, falsos   j. *to hide*

HISTORIAS DE HORROR
("¡Gulp!... trágame tierra")

A. "Mi mamá, mi hermanito y yo regresábamos a casa después de un día de compras y yo estaba cansadísima. En el camino paramos en una estación de gasolina para que mi hermano fuera al baño y yo, que estaba casi dormida, lo seguí... sin darme cuenta de que entraba al baño de hombres. ¡El lugar estaba repleto y salí de allí con la cara más colorada que un tomate!" ***

B. "Mi novio y yo patinábamos en una sección asfaltada de la playa. Yo iba delante y él tropezó. Entonces se agarró de la pieza de abajo de mi bikini... y todos vieron el show". ****

C. "Jamás me olvidaré de este incidente. Mi novio y yo íbamos a un restaurante de lujo a celebrar nuestro aniversario. Al salir de casa, mi hermanita de seis años, quien me había estado observando mientras me vestía y me maquillaba, preguntó: '¿Por qué te pones tantas servilletas en los ajustadores?' ¡Pasé una vergüenza terrible! Así fue como se enteró de que yo usaba postizos 'hechos en casa'. Pero como es muy considerado y me quiere muchísimo, nunca me dijo nada". ***

D. "Mamá guarda los regalos de Navidad o de cumpleaños que no nos gustan y, en algunas ocasiones, los volvemos a regalar. Mi prima cumplió años y le di uno de ellos. Al abrirlo, me miró con sorpresa y me dijo: 'Qué casualidad. Es igual al suéter que te regalé por tu santo'. Es que era ¡el mismo! La suerte es que ella pensó que se trataba de una coincidencia". *

E. "Estaba en la cocina planchando en ropa interior cuando mi hermanito corrió a abrir la puerta de la calle gritando: '¡Llegó la pizza!' El chico de la entrega me miraba con los ojos ¡más redondos que la misma pizza o que un platillo volador! Yo corrí a mi cuarto y, de la vergüenza, me escondí debajo de la cama..." ***

Comprensión

Ahora lee las historias de horror en la página 107. ¿Recuerdas lo qué pasó en estas historias? Usa los números de 1 a 5 para indicar el orden de los acontecimientos:

Historia A.

_____ Tenía mucho sueño.

_____ Fueron de compras.

_____ Se puso roja.

_____ Entró en el servicio de señores.

_____ Se pararon en una estación de gasolina.

Historia B.

_____ Patinaba con su novio.

_____ El novio se cayó.

_____ Ella sufrió una humillación total.

_____ Estaban en la playa.

_____ Se quedó sin traje de baño.

Historia C.

_____ El novio supo su secreto.

_____ Se maquilló.

_____ En la presencia del novio, su hermanita le hizo una pregunta muy personal.

_____ Comieron una cena romántica.

_____ Pasó una vergüenza tremenda.

Historia D.

_____ La prima le compró un suéter para su santo.

_____ Su prima celebró su cumpleaños.

_____ La prima no sabía que era el mismo suéter.

_____ La chica le dio un suéter a su prima.

_____ A la chica no le gustó el suéter.

Historia E.

_____ El chico con los ojos grandes la vio.

_____ Ella buscó refugio en su cuarto.

_____ Ella sólo llevaba ropa interior mientras planchaba.

_____ Llegó la pizza.

_____ El hermanito abrió la puerta.

Después de leer

¿Pasaste tú alguna vez una situación tan terrible como éstas? ¿Qué te pasó? ¿Cómo reaccionaste tú? ¿Qué hicieron o dijeron los otros?

1. Escribe aquí un breve resumen (*summary*) de tu "historia de horror." _____

   _____

   _____

   _____

   _____

   _____

   _____

   _____

2. ¿Cuántos **** merece tu historia? _____

3. Compara tu historia de horror con la historia de algunos(as) compañeros(as) de clase. Usa el mismo sistema de **** para evaluar las historias de tus compañeros(as).

B. El tiovivo

Una de las diversiones más populares para niños y adultos es el parque de atracciones (*amusement park*). Y dentro del parque, el tiovivo, o carrusel, es una de las atracciones más populares.

"El tiovivo" es uno de los cuentos de la escritora española, Ana María Matute. Escrito como consequencia de la Guerra Civil Española, forma parte de una colección de cuentos "dedicados a niños alegres en un mundo triste o niños tristes en un mundo alegre."

Antes de leer

Contesta las preguntas a continuación. Luego, lee el cuento y completa el ejercicio de comprensión.

1. ¿Cuál es tu parque de atracciones favorito y por qué te gusta? _____

   _____

2. ¿Recuerdas la primera vez que subiste a un tiovivo? ¿Cuántos años tenías? _____

_____

3. ¿Cuánto costó el boleto? ¿Tenías suficiente dinero para comprar el boleto? _____

_____

4. ¿Recuerdas la última vez que diste vueltas en un tiovivo? ¿Cómo te sentiste en aquel momento?

_____

Vocabulario útil

Aquí tienes algunas de las palabras importantes del cuento. Estúdialas y luego lee el cuento.

el tiovivo   el tiro al blanco   la noria

chapa de hojalata   un caballo con alas

perras gordas   *Spanish coin of little value*
el rabillo del ojo   *the corner of his eye*
dar vueltas   *to go around and around*
tapado   *covered*
la lona   *canvas*

dar gritos   *to shout*
tolditos   *little awnings*
alejarse   *to get far from*
secar   *to dry*
mojada   *wet*

El niño que no tenía perras gordas merodeaba por la feria con las manos en los bolsillos, buscando por el suelo. El niño que no tenía perras gordas no quería mirar al tiro al blanco, ni a la noria, ni, sobre todo, al tiovivo de los caballos amarillos, encarnados y verdes, ensartados en barras de oro. El niño que no tenía perras gordas, cuando miraba con el rabillo del ojo, decía: "Eso es una tontería que no lleva a ninguna parte. Sólo da vueltas y vueltas, y no lleva a ninguna parte". Un día de lluvia, el niño encontró en el suelo una chapa redonda de hojalata; la mejor chapa de la mejor botella de cerveza que viera nunca. La chapa brillaba tanto que el niño la cogió y se fue corriendo al tiovivo, para comprar todas las vueltas. Y aunque llovía y el tiovivo estaba tapado con la lona, en silencio y quieto, subió en un caballo de oro, que tenía grandes alas. Y el tiovivo empezó a dar vueltas, vueltas, y la música se puso a dar gritos por entre la gente, como él no vio nunca. Pero aquel tiovivo era tan grande, tan grande, que nunca terminaba su vuelta, y los rostros de la feria, y los tolditos, y la lluvia, se alejaron de él. "Qué hermoso es no ir a ninguna parte", pensó el niño, que nunca estuvo tan alegre. Cuando el sol secó la tierra mojada, y el hombre levantó la lona, todo el mundo huyó, gritando. Y ningún niño quiso volver a montar en aquel tiovivo.

Ana María Matute
Los niños tontos
Ediciones Destino, S.A.

Comprensión

Lee el cuento y después completa este ejercicio.

1. ¿Cómo sabes que el niño era muy pobre?

   _____

2. ¿Cuál era la actitud del niño hacia (*towards*) las atracciones cuando no tenía el dinero para montar en ellas? ¿Qué decía él?

   _____

3. ¿Cómo cambió su actitud después de encontrar la chapa de hojalata?

   _____

4. ¿Qué tiempo hacía el día en que el niño encontró la chapa de hojalata?

   _____

5. ¿Cómo sabes que no había otra gente allí ese día?

   _____

6. Indica si estos acontecimientos pasaron en realidad (R) o en la imaginación (I) del niño. Busca tu justificación en el cuento.

_____ a. El niño encontró suficiente dinero para montar al caballo bello.

_____ b. El niño subió al caballo de oro con alas muy grandes.

_____ c. El tiovivo empezó a dar vueltas.

_____ d. Había mucha música.

_____ e. El niño estaba alegre.

_____ f. Algo terrible le pasó a este niño.

Después de leer

Contesta las preguntas; después, compara tus respuestas con las de un(a) compañero(a) de clase.

1. ¿Por qué crees tú que el niño decidió usar su "moneda" para montar en el tiovivo y no en otra atracción?

    _____

2. En tu opinión, ¿qué descubrieron cuando levantaron la lona que cubría el tiovivo?

    _____

3. ¿Por qué no quiso ningún niño montar en aquel tiovivo?

    _____

4. Si es verdad que las diversiones le dan al ser humano un escape de la realidad, ¿hasta qué punto

    se divirtió el niño de este cuento? ¿Por qué lo dices? _____

    _____

    _____

    _____

Escribamos un poco

Paso 1

A. Quiero saberlo todo.   Mariluz salió anoche con unos amigos y regresó a casa muy tarde. Su mamá quiere saber todos los detalles (*details*). Escribe la conversación entre Mariluz y su madre. Usa las expresiones a continuación y tu imaginación; hay que usar el pretérito.

Modelo

(a qué hora / regresar) Mamá: *¿A qué hora regresaste?*

Mariluz: *Regresé a las 2:30.*

1. (adónde /ir) Mamá: _____

   Mariluz: _____

2. (con quién / estar) Mamá: _____

   Mariluz: _____

3. (cuándo / salir) Mamá: _____

   Mariluz: _____

4. (por qué no / decirme nada) Mamá: _____

   Mariluz: _____

5. (de dónde / conseguir dinero) Mamá: _____

   Mariluz: _____

6. (quién / darte coche) Mamá: _____

   Mariluz: _____

7. (no poder / llamar a casa) Mamá: _____

   Mariluz: _____

8. (divertirse) Mamá: _____

   Mariluz: _____

9. (qué / hacer / después) Mamá: _____

   Mariluz: _____

B. Un dilema. Recibes dos invitaciones para el mismo (*same*) día a la misma hora. ¿Qué vas a hacer? Después de leer las dos invitaciones tienes que decidir cuál prefieres. Responde a las dos invitaciones: acepta una y rechaza (*reject*) la otra. En la que aceptas debes pedir toda la información necesaria. En la que rechazas debes mostrarte cordial y agradecido(a) (*grateful*) por la invitación.

Mira, acabo de llamarte pero no estabas en casa. ¿Te acuerdas del grupo Los Inhumanos que tanto nos gusta? Pues fíjate, ¡qué buena suerte! Acabo de conseguir dos entradas para su concierto. Es el sábado 25. ¿Me acompañas? Espero que sí. Avísame inmediatamente. Ah, casi se me olvida —¡nos vamos a sentar en la primera fila (*row*)!

Carlos

Como sabes, tu tío Alfonso va a estar en la ciudad con su nueva esposa. Tu papá y yo queremos organizar una comida especial en casa. Va a ser el sábado 25. Acabamos de invitar a toda la familia. Vienen tus abuelos, tus primos, todos. ¿Por qué no arreglas tus planes para estar con nosotros?

Un abrazo muy fuerte,
Mamá

Paso 2

A. Unas vacaciones en Chile. Isabel y Esteban pasaron las vacaciones de Navidad en Chile. Describe el tiempo que hacía según las fotos de su viaje. Es necesario usar el imperfecto para describir el tiempo que hacía.

Modelo

Cuando salimos de casa el 15 de diciembre, la temperatura estaba a 48°F. No hacía mucho frío, pero sí hacía mucho viento. Era un día más típico del otoño que del invierno.

Queríamos conocer Santiago, pero, ¡qué mala suerte! _____

_____

_____

_____

_____

Cuando llegamos a Patagonia, descubrimos que _____

_____

_____

_____

_____

¡Qué maravilla! Pasamos la última parte de nuestras

vacaciones en Viña del Mar, donde _____

_____

_____

_____

_____

ATAJO

Grammar: Verbs: Imperfect

B. Cuando era más joven. ¿Recuerdas cómo eras tú cuando tenías cinco o diez o quince años? ¿Cómo eras físicamente? ¿Cómo era tu personalidad? ¿Qué cosas te gustaba hacer? ¿Cuáles eran tus actividades favoritas? ¿Quiénes eran tus mejores amigos y cómo pasabas el tiempo con ellos? ¿Cuáles eran tus comidas favoritas? ¿Tus juguetes o deportes favoritos? ¿Cuáles eran tus días de fiesta favoritos? ¿Cómo te gustaba celebrarlos? Escoge (*Choose*) una etapa de tu juventud y escribe una descripción de cómo eras tú.

Recuerdo que cuando yo tenía _____ años, _____

_____

_____

_____

_____

_____

_____

_____

_____

_____

_____

_____

Paso 3

Grammar: Verbs: Preterite and Imperfect

A. Bailando las sevillanas. Scott, un estudiante norteamericano, recuerda un incidente que pasó cuando él vivía en España como estudiante de intercambio. Escribe su historia según las indicaciones. ¡Ojo! Tienes que decidir entre el pretérito y el imperfecto de los verbos.

Párrafo 1	**Párrafo 2**	**Párrafo 3**
ser / primavera / 1991	cuando / llegar / haber / mucha gente	yo / querer / bailar
yo / vivir / Salamanca	todos / bailar	yo / no saber / bailar sevillanas
yo / ser / estudiante	tocar / música rock	joven española / invitarme a bailar
gustarme / salir con amigos	de repente / alguien / cambiar / disco	yo / decirle / no saber
un sábado / ir / a bailar	poner / música clásica	ella / enseñarme
	todos / empezar a bailar / sevillanas	nosotros / bailar / toda la noche
		pasarlo fenomenal

Era la primavera de 1991, _____

_____

_____

_____

_____

_____

Cuando llegué, había mucha gente. _____

_____

_____

_____

_____

_____

_____

Yo quería bailar, _____

_____

_____

_____

_____

_____

_____

_____

B. Tiempo de ocio. Lee las reseñas (*reviews*) de cine, drama, libros y música en "Tiempo de ocio." Luego, supongamos que (*suppose that*) tú viste una de las películas o leíste uno de los libros mencionados en "Tiempo de ocio." Escríbele una carta a un compañero(a) para informarle de dos de las obras mencionadas. Quieres darle información sobre la obra y un breve resumen (*summary*).

Querido _____:

Hay mucho que hacer aquí en España para pasarlo bien. El fin de semana pasado, yo

_____

_____

_____

_____

_____

_____

_____

_____

_____

_____

_____

_____

Saludos de tu amigo(a),

_____

TIEMPO DE OCIO

CINE

Continúan las fantásticas aventuras de Bastián.

AVENTURAS
LA HISTORIA INTERMINABLE II

Película de George Miller, con Jonathan Brandis, Kenny Morrison, Clarissa Burt, John Wesley Shipp.

♥♥♥ Desde su aparición en la Navidad de 1979, la novela del autor germano-occidental Michael Ende, *La historia interminable*, cautivó la imaginación de los lectores de todo el mundo. Sus extraordinarios personajes, su pintoresco mundo de fantasía y su ingenioso trasfondo filosófico la convirtieron en un abrumador éxito de ventas, tanto entre niños como entre adultos. La película de 1984 basada en el libro fue una de las producciones europeas con más éxito en la historia del cine. En esta segunda parte el mismo productor, Geissler ha reunido a un equipo de técnicos de efectos especiales para recrear *Fantasía*. El joven Bastián, disgustado por los problemas que tiene en la escuela y con su padre viudo, recurre una vez más a *La historia interminable*. La Emperatriz Infantil lo vuelve a llamar y Bastián se encuentra con algunos viejos amigos, descubre otros nuevos y tiene que hacer frente a terribles adversarios que amenazan el mundo de la imaginación.

DRAMA
CAIDOS DEL CIELO

Película de Francisco Lombardi, con Gustavo Bueno, Marisol Palacios, Elide Brero, Carlos Gassols.

♥♥ Esta película, que se mueve entre el humor negro y la tragedia, es una metáfora de la crisis que vive la sociedad peruana, a través de tres generaciones y tres clases sociales. Dos ancianos ex terratenientes, cuya fortuna se vio amenazada por las reformas políticas de los años 70, dedican su esfuerzo a recuperar su antiguo esplendor, preparando su muerte como un acontecimiento de revancha social. Simultáneamente, uno de sus inquilinos vive su más intensa e imprevisible aventura amorosa. Dos niños, instigados por la delirante crisis social, se ven progresivamente inmersos en el universo de violencia y crueldad que su abuela (una ciega totalmente obsesionada con la idea de recuperar la vista) va involuntariamente tejiendo a su alrededor. ■

La tragedia social peruana llevada al cine.

MUSICA

POP
NIGHT OWLS

De Vaya con Dios, Ariola, 1.500 ptas.

♥♥ Vaya con Dios son un trío belga que se dieron a conocer hace tres años con una curiosa y elegante mezcla de estilos diversos: *pop* moderno, *funk*, *chanson* francesa, *jazz*, *soul* y ritmos latinos. La combinación funciona perfectamente, y este nuevo trabajo, *Night owls*, contiene todo el encanto y *glamour* de su primer disco. La bonita y sensual voz de la rubia Dani Klein encuentra su perfecto complemento en el contrabajo de Dirk Schoufs y las guitarras de Jean Michel Gielen. Canciones llenas de *swing*, como *Sally* o *Travelling lights* dan muestra de su interés.

CANCION INFANTIL
XUXA

De Xuxa, RCA, compact, 2.000 ptas.

♥♥ Xuxa es algo más que una cantante. En Brasil es un fenómeno social popular, una estrella del cine y la televisión cuya fama comienza a convertirse en internacional. Sus programas, dirigidos al público infantil, y sus actividades humanitarias en favor de la infancia, la sitúan más allá del mero hecho comercial. Este compacto recoge las canciones de Xuxa,

que trasladan el carnaval brasileño al mundo infantil. Un mundo ingenuo, lleno de buenos sentimientos. Un mundo edulcorado, necesario en una época poco inclinada a la alegría. ■

LIBROS

RELATOS
EL CENTINELA

De Arthur C. Clarke, Plaza & Janés, 1.500 ptas.

♥♥♥ Este libro contiene nueve relatos (*Partida de rescate, Angel guardián, Tensión extrema, El centinela, Júpiter V, Refugiado, Viento del sol, Cita con Medusa* y *Cánticos de la lejana Tierra*) de Arthur C. Clarke, uno de los grandes narradores de ciencia-ficción. Además el autor ha añadido una introducción autobiográfica y unas interesantes notas de presentación de los distintos relatos. Creador de la célebre *2001: una odisea del espacio*, el lenguaje de Clarke es muy imaginativo.

NOVELA
EL RINCON DE LOS NIÑOS

De Patrick Modiano, Alfaguara.

♥♥ Patrick Modiano, novelista francés de éxito y guionista de cine (escribió el guión del filme *Lacombe Lucien*, de Louis Malle), insiste en *El rincón de los niños* en sus obsesiones favoritas: la recuperación del pasado, los mitos de la infancia. El protagonista de este nuevo libro, un novelista que escribe un folletón para una emisora de radio, conoce inesperadamente a María, una muchacha que podría ser su hija y en la que reconoce huellas de su juventud. ■

♥ *Bueno*   ♥♥ *Muy bueno*   ♥♥♥ *Excelente*

VIDEO

COLECCION
JUNGLA DE CRISTAL

♥♥♥ La distribuidora CBS-FOX ha lanzado al mercado de venta directa, al precio de 2.995 ptas. unidad, otros tres títulos de su colección Grandes del Cine: *Jungla de cristal*, en la que Bruce Willis es un valiente policía que intentará liberar a unos rehenes retenidos en un edificio por un grupo terrorista. *La batalla del Japón*, una excelente interpretación de Toshiro Mifune, y *Ran*, obra maestra del director Akira Kurosawa: impecable adaptación de *El rey Lear*, de Shakespeare.

MUSICAL
ELVIS PRESLEY

Película de Andrew Solt, con Elvis Presley.

♥♥♥ Las canciones de la popular estrella del *rock and roll*, Elvis Presley, han sido editadas por Filmayer en dos volúmenes y puestos a la venta directa al precio de 2.495 ptas. cada uno, acompañados de un folleto explicativo sobre la vida y carrera profesional del cantante. En el primer volumen se destaca el acto de firma del contrato de Elvis como actor y la grabación de su primer disco para la RCA *Hearthbreak hotel*, del que se vendieron un millón de ejemplares a la semana siguiente. En el segundo, aparece *My happines*. ■

LIBROS, MUSICA: LUIS OTERO. CINE, VIDEO: ANDRES SANCHEZ-MARIN

Todo oídos

La emisora de radio WSEC 104.5 les presenta...

"El tiempo y la diversión".   Antes de hacer planes con tus amigos para el fin de semana, decides consultar con la fabulosa emisora WSEC para ver qué te conviene o te interesa hacer. Como siempre debes estar listo(a) para tomar apuntes sobre la información que vas a escuchar.

A. El tiempo.   Tu amigo, César, te invitó a ir al lago con su familia este fin de semana. Escucha el pronóstico del tiempo para ver qué anuncian.

1. Primero, describe el tiempo para el viernes. Luego, escribe el tiempo y escoge entre los diferentes símbolos del tiempo para el sábado y el domingo.

EL PRONÓSTICO DEL DÍA

viernes

    a. temperatura mínima: _____

    b. temperatura actual: _____

    c. pronóstico: _____

sábado

d.

        e. temperatura mínima: _____

        f. temperatura máxima: _____

domingo

g.

        h. temperatura mínima: _____

        i. temperatura máxima: _____

2. Ahora, escribe aquí tu respuesta a la invitación de César. Incluye una justificación.

_____

_____

B. Las diversiones. Estabas pensando ir al cine con tu amigo, Ricardo, esta noche, pero la cartelera del cine del periódico está borrosa (*blurry*). Escucha la información que dan sobre las películas que pasan este fin de semana y completa el cartelero a continuación.

1. Lee la información que tienes a continuación y luego, completa la tabla con la información correcta que van a anunciar en la emisora de radio WSEC.

cine	película	hora	hora	hora
Las Galerías		5:30		10:50
	Un equipo muy especial		6:45	9:20
Géminis		4:05	6:30	
	La bella y la bestia			8:00
El Palacio		4:20		9:50

2. Decide qué película te gusta más y escribe a continuación lo que le vas a decir a tu amigo, Ricardo, cuando lo llames por teléfono para invitarlo al cine.

_____

_____

La pronunciación

Escucha la pronunciación de las letras *v, b* y *d*, y repite las palabras.

A. Las letras *v* y *b*. In English, the letters *b* and *v* are pronounced in two different ways. In Spanish, whether you have a *b* or a *v*, you must follow these rules of pronunciation.

1. The letters *b* and *v* are pronounced like the *b* in *boy* after the letters *n* and *m*. They are also pronounced in this way when the *b* or *v* is the first letter of a breath group; that is, when you first begin speaking, or right after a pause.

   Vamos a una fiesta.
   Bien, gracias.
   un boleto
   en Valencia
   invitación

2. In all other positions , the letters *b* and *v* make a sound that is a combination of the sounds these letters make in English. To make this sound, bring your lips close together, but not as close as you would if you were making an English *b*.

   a veces
   nieve
   abundante
   El festival es el sábado.

3. Try the following tongue twister:

Busca el bosque Francisco,	*Francisco was looking for the forest,*
un vasco bizco muy brusco,	*a tough, cross-eyed Basque was he,*
Y al verlo le dijo un chusco:	*and, upon seeing him, a witty man said:*
¿Buscas el bosque vasco bizco?	*Are you looking for the forest, you cross-eyed Basque?*

B. La letra *d*. In Spanish, the letter *d* is pronounced in two ways, depending on its location.

1. The letter *d* is pronounced like the *d* in the English word *doll* when it is the first sound of a breath group or when it comes after the letters *l* or *n*.

Dalia es cubana.

la independencia

rebelde

¿Dónde está Esmeralda?

2. In all other positions, the letter *d* is pronounced with a slight *th* sound, as in the English word *then*.

pedimos

ustedes

El sábado es la Navidad.

Repasemos

A. El aniversario de los abuelos Ortega. ¿Qué hicieron todos el día de la celebración? Es necesario usar el pretérito de los verbos.

1. Mis hermanas durmieron hasta las nueve de la mañana (y / pero) yo _____

_____.

2. Yo conseguí un regalo en la florería (y / pero) mis hermanos _____

_____.

3. Nosotros nos vestimos en ropa informal (y / pero) la abuelita _____

_____.

4. Mis abuelos vinieron a las dos de la tarde (y / pero) mi tía Luisa _____

_____.

5. Yo les dije a mis abuelos "Felicitaciones" (y / pero) mis primos _____

_____.

6. Carlos trajo unas botellas de vino (y / pero) tú _____

_____.

7. Mis abuelos pidieron arroz con pollo para comer (y / pero) yo _____

_____.

8. Mis primitos pusieron los platos en la mesa (y / pero) mi hermana _____

_____.

9. Toda la familia estuvo en el comedor (y / pero) yo _____

_____.

10. Yo preferí la ensalada de tomates (y / pero) los otros _____

_____.

B. Unos recuerdos. Vuelve a escribir (*rewrite*) esta historia en el pasado. ¡Ojo! Es necesario usar el imperfecto.

Amanda

Tiene tres años. Es una niña preciosa. Es morena con los ojos redondos. Juega todos los días con sus hermanas mayores en una casa donde todo está en orden. Su actividad favorita es jugar a las escondidas. Se ve muy joven, pero se divierte tanto con ellos que le permiten jugar con los chicos mayores. Nadie quiere arruinar su felicidad.

El juego es fácil. Alguien cuenta de uno a cien y los otros corren a esconderse. Hay un lugar muy bueno detrás de la casa donde la niña va. Los otros no saben donde está ella y ella no les dice nada. A veces se duerme y los otros tienen que buscarla. Cuando la encuentran, todos se ríen. ¡Qué bien lo pasan!

_____

_____

_____

_____

_____

_____

_____

_____

_____

_____

_____

_____

_____

_____

C. Mi primer día en la universidad.   Completa la historia con la forma correcta del verbo entre paréntesis, según el contexto de la historia. Hay que usar el imperfecto o el pretérito, según el contexto.

Recuerdo el día en que [yo] _____ (recibir) la carta de aceptación. [Yo]

_____ (estar) muy feliz. Mis amigos y yo _____

(pasar) el resto de aquel verano hablando de nuestras nuevas vidas.

En septiembre mis padres me _____ (acompañar) a la universidad.

[Nosotros] _____ (llegar) al mediodía. _____

(Hacer) buen tiempo. _____ (Ir) directamente a mi residencia. Cuando [yo]

_____ (entrar) a mi cuarto, no _____ (haber) nadie.

El cuarto _____ (ser) pequeño pero _____ (tener)

muebles nuevos.

Mamá me _____ (ayudar) con mis cosas. Yo _____

(sacar) la ropa de las maletas y ella _____ (hacer) la cama. Luego, nosotros

_____ (sentarse) a descansar. Mientras los tres (_the three of us_)

_____ (hablar), alguien _____ (llamar) a la puerta.

Yo la _____ (abrir). Por primera vez mi compañera de cuarto y yo

_____ (conocerse). Ella me _____ (parecer) tímida,

pero simpática. Me _____ (decir): —Me alegro de estar aquí.

Yo le _____ (contestar): —Igualmente.

Yo _____ (sentirse) nerviosa y contenta al mismo tiempo.

_____ (Saber) que una nueva época de mi vida _____ (ir)

a empezar.

CAPÍTULO 8

De compras

En blanco y negro

A. Las corbatas

El próximo artículo es de la revista *Hombre Internacional* y explica la historia de una prenda de ropa (*article of clothing*) muy común. Antes de leer el artículo, completa la actividad en *Antes de leer*.

Antes de leer

¿Por qué llevamos ciertas prendas de ropa? Algunas prendas tienen fines muy prácticos; los impermeables, por ejemplo, nos ofrecen protección de la lluvia. Otras prendas, como las camisetas de Ralph Lauren, son símbolos de posición social. En tu opinión, ¿por qué se llevan las siguientes prendas? Escribe tu explicación en español para cada una.

1. los cinturones _____

   _____

2. las faldas escocesas (*kilts*) _____

   _____

3. los bikinis_____

   _____

4. las corbatas _____

   _____

5. los vaqueros _____

   _____

LAS CORBATAS

TAN ANTIGUAS Y COLORIDAS COMO EL IMPERIO ROMANO

TODOS LOS HOMBRES usan corbatas... o al menos una mayoría de ellos. Una corbata es sinónimo de elegancia, distinción y seducción... palabras que ya estaban en boca de los inventores de las corbatas, los soldados romanos, hace 2.000 años... aunque aquellos hombres lucían solamente sus corbatas... en el resto del cuerpo, ¡nada! Hoy, en cambio, nadie osaría° salir a la calle en traje de Adán y vestido sólo con una corbata. ¡Sería tremendo escándalo!

would dare

Desde sus orígenes como tiras de lana° alrededor del cuello° de los romanos (el Emperador Cícero creía que estas tiras le mantenían tibias° las cuerdas vocales cuando oraba), las corbatas se han convertido en una de las prendas más populares, además de una expresión de arte.

strips of wool
neck

warm

En el siglo XVII, las corbatas eran una nube de encajes° y vuelos° en las gargantas° de los caballeros bien vestidos, entre ellos Príncipes, Condes, Duques y otros miembros de la nobleza. Hace 200 años, a mediados del siglo XVIII, comenzó el "boom" de las corbatas, hasta llegar al año 1812, cuando por primera vez fueron anudadas° de una forma artística. En poco tiempo más, hubo ¡21 nudos° diferentes!

laces, ruffles,
throats

knotted/tied
knots

La manía de las corbatas siempre fue apreciada por los italianos... los descendientes de aquellos romanos montados a caballo, desnudos y de corbata al cuello. Italia exporta actualmente más de 17 millones de corbatas al año.

Hay mucha gente que colecciona corbatas... de todos los colores, telas° y procedencias. Tampoco es un "hobby" demasiado nuevo. Napoleón Bonaparte era una corbata-maníaco... guardaba las corbatas de sus enemigos, después que ordenaba cortarles la cabeza.

fabrics

Comprensión

Después de leer el artículo, lee las siguientes oraciones y decide si son ciertas o falsas. Escribe C (cierta) o F (falsa) en el espacio en blanco.

_____ 1. Los primeros hombres que llevaron corbatas fueron los soldados del imperio romano.

_____ 2. Los soldados romanos llevaban corbata como un complemento a su uniforme.

_____ 3. Cícero llevaba corbata porque creía que era un símbolo de distinción.

_____ 4. Durante el siglo XVII, las corbatas eran muy sencillas (*plain*) y casi monótonas.

_____ 5. Las corbatas crecieron rápidamente en popularidad a partir del año 1750.

_____ 6. El nudo es parte de la expresión artística de una corbata.

_____ 7. Italia es uno de los países donde se hacen muchas corbatas de alta moda.

_____ 8. Napoleón Bonaparte tenía una macabra colección de corbatas.

Después de leer

Claro está que las modas cambian rápidamente y que cada persona tiene sus preferencias y gustos personales. En esta actividad, vas a contemplar algunas de las tendencias de la moda actual y explicar tus reacciones a ellas. Habla con tu compañero(a) de clase de las siguientes preguntas.

1. ¿Cuál es tu reacción personal a estas tendencias de la moda? Compara tus reacciones con las de tu compañero(a).

Situaciones

a. llevar sólo la parte de abajo de un bikini

b. llevar colores muy vivos a un entierro (*funeral*) o velorio

c. llevar calcetines blancos con sandalias

d. llevar vaqueros y camisetas viejas a la iglesia o a la sinagoga

e. llevar pantalones cortos a clase

f. llevar faldas y blusas transparentes

g. llevar un vestido negro a una boda (*wedding*)

Reacciones

Es un tremendo escándalo.

Está de moda.

Está pasado de moda.

Es cómodo y práctico.

Está de mal gusto.

Es una locura (algo loco).

Otro: _____

2. ¿Cuáles son algunas de las tendencias de la moda en tu universidad? ¿Se puede identificar a "grupos" de estudiantes que se visten de un modo distintivo? ¿Cuál es tu reacción a estas tendencias?

B. Me descubrieron robando

¿Has visto alguna vez a alguien robar (*steal/shoplift*) de una tienda? Por lo visto, es algo que pasa con mucha frecuencia. Se calcula que en el año 1990 las tiendas en los Estados Unidos perdieron más de $150.000.000. En el siguiente artículo, vas a leer la historia personal de una chica que robaba de las tiendas. Primero, completa las actividades en *Antes de leer*.

Antes de leer

No hay límites de edad cuando se trata del fenómeno de robar de las tiendas. Y cada grupo —desde los niños hasta las personas mayores— tiene sus motivos. En tu opinión, ¿por qué roban los adolescentes? Lee la lista de motivos que sigue e indica con un número cuáles son los motivos más probables de los adolescentes. Usa la escala (*scale*) de abajo:

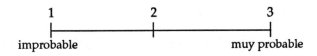

    1   2   3

improbable   muy probable

_____ 1. Necesitan urgentemente un artículo y no pueden pagar.

_____ 2. Es una compulsión o adicción sicológica.

_____ 3. Quieren confirmar o ganar la aceptación de un grupo.

_____ 4. Es una manera de pedir ayuda.

_____ 5. Venden los artículos para ganar dinero.

_____ 6. No tienen un concepto elevado de los valores morales.

_____ 7. Es un acto de rebeldía contra la sociedad.

_____ 8. Es un acto de rebeldía contra los padres.

_____ 9. Es una diversión.

Vocabulario útil

no había pagado   *no di el dinero por un producto*
un lápiz labial   *un cosmético para la boca*
me costó mucho   *fue muy difícil para mí*
me molestó   *irritó*
se burlaban   *decían cosas feas o malas*
probamos   *damos un examen / una prueba*
merece   *tiene el valor*
tomamos prestadas   *pedir el uso de un artículo*
guardamos   *ponemos*
Jamás   *Nunca*
escondían   *ponían en un lugar secreto*
unas joyas   *objetos para decorar la ropa; pendientes, collares, etc.*
unos aretes   *pendientes; se llevan en las orejas*
apenado   *un sentimiento de confusión y dolor*
atrevía   *no tenía el valor o la fortitud*
Tenías todo el derecho   *era justo*
esperanza   *un sentimiento de optimismo de que algo bueno va a pasar*

CÓMO SALÍ A FLOTE

"ME DESCUBRIERON ROBANDO"

Recuerdo la primera vez que salí de la tienda con un artículo que no había pagado... Era un lápiz labial, muy barato por cierto, pero adueñarme de él me produjo una satisfacción enorme: me gané la aceptación de mi grupo.

Sí, debo ser sincera, nunca tuve necesidad de robar. Mis padres me daban todas las semanas una cantidad de dinero que era suficiente para mis gastos. ¿Por qué entonces lo hacía? Todo comenzó cuando nos cambiamos de casa y tuve que ir a otro colegio. Me sentí fuera de grupo y me costó mucho hacer amistades. Dos meses después, sorpresivamente, Laura me invitó a salir.

"Mis amigos y yo vamos a reunirnos. Somos ocho en total, cuatro muchachas y cuatro chicos. ¡Son lo máximo!, me dijo... y yo, la verdad, acepté encantada.

Esa tarde todos la pasamos muy bien. Lo único que me molestó es que ellos se burlaban de cualquier persona, incluso de las que tenían defectos físicos, y a mí eso no me gustaba.

"¿Qué les parece si probamos a Mercy?", señaló Erika de pronto. "Ella es nueva y no sabemos si merece ser parte de nuestro grupo."

"Está bien", respondió Ernie. "Vamos a la tienda de la esquina. Si tú quieres ser parte de nuestro grupo tienes que hacer lo mismo que nosotros".

"¿Qué tengo que hacer?"

"Nosotros tomamos prestadas algunas cositas de la tienda y las guardamos en el bolso. Por supuesto, nunca las pagamos", afirmó Ernie.

"Pero eso... es robar", susurré. "Jamás lo he hecho".

"Pues ahora puedes aprender. Es muy fácil. Sólo tienes que mirar cómo lo hacemos y ya está".

Por un segundo estuve a punto de salir corriendo. Pero algo me paralizó... quizás el temor de perder al grupo de moda del colegio. Dentro de la tienda, vi con asombro cómo mis amigos escondían pequeñas cosas, y yo no quise quedarme atrás. Tomé un lápiz labial y lo metí en el bolsillo de mi pantalón. De esa "inocente" manera inicié mi "profesión".

Debo decir que lo que empezó como un juego o una manifestación de rebeldía, poco a poco se fue convirtiendo en una adicción, pues ya no sólo robaba acompañada, sino que lo hacía sola.

Un día conocí a Carlos, un muchacho maravilloso, y los dos sentimos una fuerte atracción. Carlos era el hombre que siempre había soñado; alto, guapo, serio, inteligente y responsable... Y tenía un concepto muy elevado de los valores morales.

Un día ocurrió lo inevitable. Carlos me invitó a que lo acompañara a comprar un regalo para su hermana. Cuando estaba haciendo fila para pagar, fui a ver unas joyas que me habían gustado. No sé por qué, pero sentí un impulso irresistible por llevarme unos aretes de oro... Y los guardé rápidamente en mi bolso.

"Ábrelo de inmediato", dijo una voz a mis espaldas. "Quiero ver qué te estás robando".

Aunque traté de explicar lo que me había sucedido, no pude. El hombre llamó a la policía.

De más está decir lo que sentí cuando vi a mis padres en la delegación de la policía. Mi papá pálido, mi mamá lloraba sin parar... Carlos parecía una estatua.

Yo bajé la cabeza y les pedí perdón. Esa noche lloré mucho, por mí misma, por mis padres y por Carlos, ¡Sabía que lo había perdido!

Pasaron seis meses y con la terapia mejoré. De vez en cuando sentía tentación por robar, pero el sicólogo me había enseñado a dominar mis impulsos. Estaba en paz conmigo misma... sólo sentía una profunda tristeza cuando recordaba a Carlos. Un día lo encontré por casualidad:

"Hola, Mercy", dijo en voz baja.

"¿Cómo estás, Carlos?"

"Pues... un poco apenado contigo. ¿Sabes? Desde hace tiempo quería pedirte perdón, pero no me atrevía, pues te dejé sola cuando más me necesitabas".

"No te preocupes. Tenías todo el derecho, pues yo había cometido una mala acción. Ahora todo ha cambiado en mi vida". Y le conté mi tratamiento sicológico.

Minutos después, me despedí y él me miró con infinita dulzura.

"¿Podría visitarte otra vez?"

"Claro", afirmé y sonreí. Había recuperado la esperanza ya.

Comprensión

Lee el artículo; si es necesario, puedes consultar el **Vocabulario útil**. Después, completa la actividad a continuación.

1. ¿Por qué robaba Mercy? Examina la lista de motivos en la sección *Antes de leer* y escribe los más aplicables aquí.

   _____

   _____

   _____

2. Las siguientes oraciones forman un pequeño resumen (*summary*) de la primera mitad de esta historia. Pon las oraciones en orden; escribe los números de uno a cinco.

   _____ a. Mercy robó un lápiz labial.

   _____ b. Un grupo de chicos invitó a Mercy a salir.

   _____ c. El acto de robar se convirtió en una adicción.

   _____ d. La familia de Mercy se cambió de casa. Mercy se sentía sola y no tenía amistades.

   _____ e. Mercy descubrió que sus nuevos amigos robaban cosas de las tiendas.

3. Ahora, escribe tu propio resumen de la segunda mitad (*second half*) de la historia. Completa las siguientes frases en español.

   a. Un día, cuando estaba en el colegio, Mercy_____

   _____.

   b. Otro día, mientras Mercy estaba de compras con Carlos,_____

   _____.

   c. Un hombre vio lo que Mercy había hecho (*had done*) y _____

   _____.

   d. Después de este incidente, Mercy tuvo que _____

   _____.

   e. Poco a poco, Mercy aprendió a _____

   _____.

   f. Mercy recuperó su esperanza en la vida cuando descubrió que _____

   _____.

Después de leer

Trabaja con tu compañero(a) de clase y habla de los siguientes temas.

1. Se dice que los adolescentes presionan mucho a sus amigos para hacer cosas malas o peligrosas (*dangerous*) como robar de las tiendas, fumar cigarrillos y tomar bebidas alcohólicas. ¿Sentiste alguna vez ese tipo de presión cuando estabas en la escuela secundaria? ¿Existe esta presión en la universidad? (¿Sí? ¿Para hacer qué?)

2. ¿Es siempre malo, moralmente, robar de las tiendas? ¿O hay "excepciones"? ¿Qué piensas de los siguientes casos?

   a. Una madre necesita fórmula para su bebé de dos meses, pero no tiene dinero para comprarla. Roba una sola lata (*can*) del supermercado.

   b. Un joven de quince años sufre de atraso mental (*mental retardation*). Roba unos caramelos de una tienda.

3. ¿Cuál debe ser el castigo (*punishment*) para los jóvenes que roban de las tiendas? ¿Qué pueden hacer los padres para ayudar a sus hijos a resistir la presión o mala influencia de sus amigos?

Escribamos un poco

Paso 1

A. Adiós mi amor.   Romeo se va de viaje y tiene que despedirse (*say good-bye to*) de Julieta, su novia. Haz el papel de Romeo y contesta las preguntas de Julieta. Usa los complementos directos en tus respuestas en lugar de (*in place of*) las palabras en cursiva (*in italics*).

Modelo

Julieta: ¿Dónde tienes *las maletas*?

Romeo: *Las* tengo en el coche porque tengo que salir en diez minutos.

1. Julieta: ¿Por qué llevas *tu traje azul*?

   Romeo: _____

2. Julieta: ¿Por qué no vas a llevar *tus zapatos negros*?

   Romeo: _____

3. Julieta: ¿Dónde pusiste *los calcetines nuevos*?

   Romeo: _____

4. Julieta: Por fin, ¿dónde encontraste *las camisas azules que buscabas*?

   Romeo: _____

5. Julieta: ¿No necesitas *tu abrigo*?

   Romeo: _____

6. Julieta: ¿Por qué tienes que usar *una corbata* todos los días?

   Romeo: _____

7. Julieta: ¿Y por las noches? ¿Piensas invitar *a Susita* a salir contigo?

   Romeo: _____

8. Julieta: Recuerdas *mi número de teléfono*, ¿no?

   Romeo: _____

9. Julieta: ¿Puedo visitar*te* la semana que viene?

   Romeo: _____

10. Julieta: ¿Vas a llamar*me* todas las noches?

    Romeo: _____

11. Julieta: ¿*Me* quieres?

    Romeo: _____

ATAJO

Vocabulary: Clothing

B. ¡Qué mal gusto!   Ayuda a las personas de los dibujos a vestirse mejor. Primero, describe lo que lleva cada persona. Después, sugiérele (*suggest to him/her*) una mejor combinación.

Vocabulario útil

de lunares   *polka-dot*
de rayas   *striped*
de cuadros   *checked/plaid*
de flores   *flower print*

combinar con   *to go with / to match*
de piel   *fur*
de cuero   *leather*

Modelo

Mira, Teresa. Veo que tú llevas un traje de baño de lunares con calcetines altos y botas de vaquero. Un traje de baño combina mejor
con sandalias. Las botas de vaquero combinan mejor con los
"vaqueros".

Teresa

1. Mira, Antonio. Veo que tú llevas _____

   _____

   _____

   _____

   _____

Antonio

2. Mira, Gloria. Veo que tú llevas _____

   _____

   _____

   _____

Gloria

3. Mira, Guillermo. Veo que tú llevas _____

   _____

   _____

   _____

Guillermo

4. Mira, Charo. Veo que tú llevas _____

_____

_____

_____

_____

Charo

Paso 2

A. No sé la palabra exacta...   A veces no sabes la palabra exacta para expresarte. ¿Cómo explicas el significado de los objetos a continuación?

Modelo

Es una cosa que se usa cuando hace mucho sol y una persona quiere

ver mejor. Se puede comprar en cualquier (any)

tienda donde se vende ropa de verano.

1. _____

_____

_____

_____

2. _____

_____

_____

_____

3. _____

_____

_____

_____

4. _____
_____
_____
_____

5. _____
_____
_____
_____

ATAJO	**Phrases/Functions:** Describing objects
	Vocabulary: Fabrics, materials
	Grammar: Adjective agreement

B. Regalos con amor. ¿Te gusta comprarles regalos especiales a tus amigos y a tus familiares? En las actividades a continuación, vas a ir de compras. Primero, completa Ejercicio 1; después, lee el artículo. Finalmente, completa Ejercicio 2.

Ejercicio 1. Contesta las preguntas antes de leer el artículo.

1. ¿Hay mucha diferencia entre los regalos que compras para hombres y para mujeres? Explica por

qué sí o por qué no. _____

_____

2. ¿Te acuerdas de un regalo especial que recibiste alguna vez? ¿Cuál fue el regalo? ¿Quién te lo

regaló? ¿Cuál fue la ocasión? ¿Todavía tienes ese regalo? _____

_____
_____
_____
_____
_____
_____
_____

_____

_____

_____

_____

_____

Para él y ella

Regalos con amor

Son solo detalles, algo especial que pueda transmitir nuestros sentimientos hacia el ser querido

Aunque no siempre lo admiten, a ellos también les gusta cuidarse. La misma fragancia en la colonia y en la loción para después del afeitado es una forma perfecta de asentar el aroma. Como este *after shave*, por $21, y la colonia, $24.50, ambos de Lagerfeld.

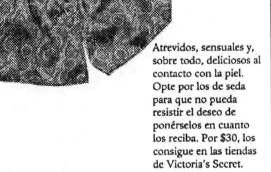

Atrevidos, sensuales y, sobre todo, deliciosos al contacto con la piel. Opte por los de seda para que no pueda resistir el deseo de ponérselos en cuanto los reciba. Por $30, los consigue en las tiendas de Victoria's Secret.

¿Tiene temor a fallar con el regalo? Vaya a lo seguro con unos aretes o accesorios. Como estos obsequios especiales de Navidad, de Givenchy, que valen entre $18.50 y $27.50.

Pañuelo de seda y guantes de lana para quien prefiera regalos elegantes y prácticos. Sólo tendrá que fijarse en su color predilecto. Guantes, $16.50, un pañuelo similar por $35.

Ejercicio 2.   ¿Qué regalos piensas comprar este año? Piensa en tres regalos en particular. Usa el artículo que leíste como guía (*guide*) y tu imaginación para escribir una descripción detallada (*detailed*) de esos regalos. Incluye también el precio del regalo y dónde se puede comprar.

1. El primer regalo es _____

   _____

   _____

   _____

   _____

   _____

   _____

   _____

2. El segundo regalo es _____

   _____

   _____

   _____

   _____

   _____

   _____

   _____

3. El tercer regalo es _____

   _____

   _____

   _____

   _____

   _____

   _____

   _____

   _____

Todo oídos

La emisora de radio WSEC 104.5 les presenta...

"Anuncios de moda".   Escucha los siguientes anuncios y contesta las preguntas.

A. El Mundo Actual.   Da la casualidad que estás leyendo en el periódico el anuncio de la nueva tienda de ropa, El Mundo Actual, al mismo tiempo que ponen un anuncio de esa tienda en la emisora de radio WSEC. Primero, termina de leer el anuncio en el periódico y luego, compáralo al anuncio por radio. Lee el ejercicio antes de escuchar la cinta.

¡No te pierdas la apertura de la tienda de ropa EL MUNDO ACTUAL! La ropa del MUNDO ACTUAL se distingue por: su buena calidad y sus precios baratos.

Te ofrecemos hasta el **40%** de descuento en líneas de ropa exclusiva.

Ven y compra:

ROPA DE CABALLEROS

- camisas
- pantalones
- Bermudas
- trajes de baño

ROPA DE DAMAS

- vestidos
- conjuntos coordinados
- pantalones cortos
- trajes de baño

ROPA DE NIÑOS

- camisetas
- pantalones cortos
- camisas tipo "polo"
- trajes de baño

Avenida Central, número 1952
Recibe un descuento adicional del 10%
 al presentar este anuncio.
Oferta válida del 10 al 15 de abril.

1. Escribe aquí las prendas de ropa que se mencionaron por radio pero no se incluyeron en el anuncio anterior.

   caballeros: _____

   damas: _____

   niños: _____

2. Vamos a suponer que necesitas comprar ropa. Primero, haz una lista de lo que necesitas comprar. Escoge artículos de ropa de los dos anuncios. Luego, escribe la dirección para ir a El Mundo Actual.

   _____

   _____

   _____

   _____

   _____

3. ¿Cómo se puede pagar por la mercancía en El Mundo Actual?

   _____

4. Escribe a continuación el número de teléfono. ¿Qué quieres preguntarles por teléfono antes de ir?

   _____

5. ¿Para qué sirve el anuncio del periódico? ¿Por cuánto tiempo?

   _____

6. Según la información en los anuncios, ¿para qué estación es la ropa que se anuncia? ¿Cómo lo sabes?

   _____

B. La Tintorería Universal.   Ahora escucha el anuncio de la Tintorería Universal y contesta las preguntas en oraciones completas en español.

1. ¿Cuántos años hace que la Tintorería Universal está en servicio?

   _____

2. ¿Qué nuevo servicio tienen?

   _____

3. ¿Qué les ofrecen a las personas sin transporte?

   _____

La pronunciación

A. La letra *r* en medio de la palabra. When the Spanish *r* is within a word, it is pronounced by lightly tapping the tip of the tongue behind the front teeth. It is very much like the middle sound in *water* and *ladder*.

abrigo

corbata

color

Los vaqueros verdes son caros.

B. La letra *r* al principio de la palabra y la letra *rr*. The *r* is trilled (pronounced with three or four taps of the tongue) when it is the first letter of a word or when it is written as *rr*.

rojo

marrón

rosado

El carro de Rogelio es marrón.

Ejercicio. Practice the *r* and *rr* sounds with these *trabalenguas* (tongue twisters):

Tres tristes tigres toman trigo.   *Three sad tigers eat wheat.*

~~~~~~~~~~~

Erre con erre cigarro,   *R and R, cigar,*

erre con erre barril;   *R and R, barrel;*

rápido corren los carros,   *Rapidly go the railroad cars,*

los carros del ferrocarril.   *the cars of the railroad train.*

Repasemos

A. ¿Cuál te gusta más? Mientras estás de compras, el dependiente te pregunta tus preferencias. Escoge (*Choose*) entre las opciones y escribe cuál te gusta más según las indicaciones. Usa el pronombre del demostrativo en tu respuesta. ¡Ojo! Esta palabra lleva accento.

Modelo

¿Cuál te gusta más? ¿Este traje verde o esa chaqueta azul?

(el traje) *Me gusta éste.*

1. ¿Cuáles te gustan más? ¿Esas sandalias blancas o estos zapatos rojos?

(las sandalias) _____

2. ¿Cuáles te gustan más? ¿Estos guantes de piel o esos guantes de cuero?

(de cuero) _____

3. ¿Cuál te gusta más? ¿Esta camiseta o esos suéteres?

(la camiseta) _____

4. ¿Cuáles te gustan más? ¿Esos vaqueros o estos pantalones cortos?

(los pantalones cortos) _____

5. ¿Cuál te gusta más? ¿Este abrigo o esa chaqueta?

(la chaqueta) _____

B. En la boda (*the wedding*). ¿Cómo les parece a todos el día de la boda? Escribe oraciones completas basadas en la información a continuación. Aprende estas palabras: el novio (*groom*) y la novia (*bride*).

Modelo

(a mí / gustar / la celebración)

Me gusta la celebración.

1. (a la novia / quedar bien / su traje)

_____

2. (a todos / parecer elegante / los novios)

_____

3. (a los invitados / gustar / la música)

_____

4. (a la novia / encantar / los regalos)

_____

5. (¿a tí / cómo / quedar / esos zapatos nuevos?)

_____

6. (a mí / encantar / los aperitivos)

_____

7. (a todos los invitados / parecer / un acontecimiento especial)

_____

C. Historias de compras. Lee las historias breves a continuación. Vuelve a escribir las historias para eliminar los sustantivos (*nouns*) redundantes. Usa un complemento directo para reemplazar (*to replace*) al sustantivo.

1. La primera vez que fui de compras, quería comprar unas camisetas. Tenía que comprar las camisetas con mi propio dinero. Saqué el dinero del banco y puse el dinero en mi bolsillo, pero cuando llegué a la tienda no tenía el dinero. Vi las camisetas allí, pero no pude comprar las camisetas.

   _____

   _____

   _____

   _____

   _____

   _____

2. En el escaparate de "Galerías Preciados" había varias chaquetas de cuero que me gustaban. Quería probarme la chaqueta negra. La dependiente sacó la chaqueta negra del escaparate. Me probé la chaqueta. Pero decidí no comprar la chaqueta negra porque me quedó pequeña. La dependiente me dijo que en "Galerías" no vendían chaquetas en mi talla pero en "Corte Inglés" sí, vendían chaquetas.

   _____

   _____

   _____

   _____

   _____

   _____

3. ¡Qué horror! Como íbamos a la playa de vacaciones, decidí buscar un nuevo traje de baño. Busqué el traje de baño en varias tiendas del centro comercial. No encontré el traje de baño en ninguna parte. Por fin tuve que pedir el traje de baño de un catálogo.

   _____

   _____

   _____

   _____

   _____

   _____

D. Diálogos. Completa los diálogos a continuación con las palabras que faltan según el contexto. Tienes que usar complementos directos e (*and*) indirectos.

Número 1

Alex: ¿Qué hago con este traje? _____ queda muy grande.

Andrés: ¿Por qué no _____ llevas a un sastre? Tienes que

decir_____ cuál es el problema y después él _____ arregla los

pantalones y la chaqueta.

Número 2

Lucía: Para el cumpleaños de Paquito, vamos a comprar_____ un disco compacto

de "rap."

Mamá: ¡De ninguna manera! A tu papá y a mí no _____ gusta en absoluto

esa música. ¿Qué _____ parece si _____ regalamos un libro nuevo?

Lucía: _____ parece mala idea porque no va a leer_____.

Número 3

Manolito: ¡Ay, papá! ¿Por qué no _____ compras ese guante de béisbol que tanto me

gusta?

Papá: No _____ compro el guante porque es el aniversario de tus abuelos y tengo

que comprar_____ un regalo a ellos.

CAPÍTULO 9

¡Así es la vida!

En blanco y negro

A. Examenofobia

La época de exámenes trae momentos de alta tensión. El próximo artículo describe algunas maneras de combatir el estrés provocado por los exámenes.

Antes de leer

Completa esta actividad antes de leer el artículo.

1. ¿Cómo te sientes antes de tomar los exámenes? Pon un √ al lado de las frases que mejor describen lo que te pasa o cómo te sientes cuando tienes que tomar un examen.

_____ me pongo ansioso(a) (*anxious*)

_____ tengo mucho estrés

_____ me siento desanimado(a)

_____ duermo demasiado

_____ me pongo contento(a)

_____ no tengo energía

_____ tengo confianza en mí mismo(a)

_____ estoy tranquilo(a)

_____ me siento deprimido(a)

_____ pierdo el apetito

_____ me siento agotado(a)

_____ gano peso

_____ no puedo dormir

_____ hago algo divertido para descansar

2. ¿Qué haces tú para sobrevivir la época de exámenes? ¿Qué le recomiendas a un(a) amigo(a) para ayudarlo(la)? Usa el siguiente sistema para indicar cuáles son las recomendaciones más útiles: (3) muy útil,   (2) regular,   (1) poco útil.

_____ pedirle al profesor una extensión   _____ hacer ejercicio

_____ estudiar toda la noche antes del examen   _____ tomar café

_____ consultar con un tutor   _____ estudiar con un grupo de amigos

_____ repasar tus apuntes   _____ dormir

_____ comer con mucha frecuencia

Comprensión

Ahora lee el artículo "Examenofobia" y contesta las preguntas a continuación.

1. Según este artículo, ¿siempre es cosa mala la ansiedad? Explica por qué sí o no.

_____

_____

2. ¿Por qué son mejores las mini-comidas que las comidas grandes y pesadas?

_____

_____

3. ¿Cuál puede ser el efecto de comer muchos carbohidratos?

_____

_____

4. ¿Por qué no se recomienda que uno tome mucho café?

_____

_____

5. ¿Qué puede hacer uno para "respirar" mientras estudia?   Menciona un mínimo de dos actividades recomendadas.

_____

_____

6. ¿Qué información debe tener uno sobre el examen?

_____

_____

Examenofobia

Epoca de exámenes, momentos de tensión. Relájate, porque vas a aprender una estrategia de estudios, ejercicios y alimentación para sacar puros 10.

Uy, qué horror. Es época de exámenes y tú, como siempre, hecha una gelatina. ¡Tiemblas! Sin embargo, un poco de ansiedad no está del todo mal. Te da impulso, te pone alerta. Te motiva a concentrarte. O sea, que aunque deseamos disminuir tu nivel de ansiedad, tampoco queremos que te relaaaaaajes al punto de convertirte mentalmente en un fideo mojado. Si sigues estos consejos, apostamos a que le sacas el aguijón a los exámenes, y ¿quién quita que mejores tus calificaciones? Empieza por soltar los zapatos, ponerte cómoda... y leer con verdadera atención.

Estrategia y técnica de estudio para "examenofóbicas"

Según los expertos, el ciclo de estudio de la mente promedio es de 45 a 60 minutos y, dentro de ese espacio de tiempo, es necesario tomar un "respiro" de dos a cinco minutos (das un mini-paseo por el jardín, te tomas un helado, escuchas una canción o, simplemente, pones "el seso" en blanco). Si vas a estudiar más de dos o tres horas, los "respiros" deben ser más largos (de 15 a 20 minutos). ¿Ya? Seguimos: Trata de saber todo sobre el examen de antemano. ¿Será largo? ¿Puedes usar calculadora? ¿Es examen de "libro abierto"? ¿Qué parte de la materia cubre: toooodo (¡horror!) o lo más reciente? Es vital saber si el examen va a ser de preguntas y respuestas o si debes escribir una tesis. Averigua todo. ¿Cómo? Pregúntale a la profe.

Ejercita la mente... y el cuerpo

No basta con activar el cerebro. También tienes que mover el cuerpo. Durante la época de exámenes, es importante ejercitarte unos 20 minutos diarios. Esto te ayuda a mantenerte en forma y, al mismo tiempo, a eliminar las tensiones que has ido acumulando. Además, el ejercicio te ayuda a dormir mejor. Y esto es ¡esencial! Si duermes profundamente; si te levantas "fresca" de mente y cuerpo, es casi seguro que realizarás una labor más "digna" en la clase de historia o geometría.

Tienes que aprender a parar...

Si te has ejercitado, si duermes bien y te alimentas como debe ser (ver recuadro superior), debes tener confianza en tu capacidad. Estudia, pero no te atormentes. Nada de estar –la noche antes– hasta las dos o las tres de la mañana tomando café negro y pensando cosas más negras aún. Pon el reloj para despertarte a tiempo, desayuna bien, repítete que has hecho todo lo posible y ¡a la escuela, estudiante estrella!

Alimenta tu cuerpo (¡es tan importante como tu mente!)
Seis mini-comidas al día son mejor que tres grandes, pues las comidas enoooormes te provocan sueño. Entonces, ¿qué comer? Yogurt, mantequilla de maní (cacahuate), queso... estos alimentos te dan energía. Evita los azúcares, porque sí te dan energía, pero después puedes "aterrizar" ¡de sopetón! No abuses de los carbohidratos (pasta, pan, etc.), ya que te ponen más letárgica que un cocodrilo al sol. Si necesitas mantenerte despierta, porque la materia que estudias es un verdadero soporífero, toma café... pero nada de sobredosis de cafeína, ya que en cantidades excesivas, puede afectar tu capacidad de aprender. Así que no tomes más de tres o cuatro tazas en un período de 24 horas. ¡Muy importante!... espera por lo menos de una a dos horas entre cada "cafetazo".

7. Escribe tres beneficios de hacer ejercicio durante la época de exámenes.

a. _____

b. _____

c. _____

8. ¿Cómo debe pasar uno la noche antes de un examen?

_____

_____

Después de leer

¿Recuerdas alguna vez cuando te perdiste (*you missed*) un examen? ¿Qué pasó? ¿No funcionó el despertador (*alarm clock*)? ¿Te equivocaste de día o hora (*Did you have the wrong day or wrong time*)? ¿Sufriste de tanto estrés que no pudiste ir? Escribe sobre una ocasión en la que hayas perdido un examen. ¿Cuáles eran las circunstancias? ¿Pudiste recuperar (*make up*) el examen? ¿Cómo influyó el incidente en tu nota final para el curso? Si esto no te ha ocurrido, inventa un incidente.

Recuerdo una vez cuando me perdí un examen. _____

_____

_____

_____

_____

_____

_____

_____

B. "Los dos reyes y los dos laberintos"

Cada vida contiene momentos de mucha alegría y momentos de mucho dolor. Esto se complica cuando una persona espera un resultado feliz pero hay un fin desastroso (*disastrous*). En el cuento de "Los dos reyes y los dos laberintos," un rey visita las tierras de otro rey, esperando una bienvenida (*welcome*) cordial. Sin embargo, su anfitrión (*host*) lo hace sufrir horas y horas de confusión y humillación. Es interesante notar cómo aquél (*the former*) resuelve la situación. El cuento, escrito por el autor argentino, Jorge Luis Borges, figura en la colección de cuentos cortos, *El Aleph*.

Antes de leer

Completa los ejercicios antes de leer el cuento.

Ejercicio 1. ¿Te perdiste alguna vez en un lugar desconocido (*unfamiliar*)? Escribe una lista de palabras que describan cómo te sentiste.

_____   _____

_____   _____

_____   _____

Ejercicio 2. ¿Has oído hablar de laberintos? ¿Qué sabes de ellos? ¿Qué elementos contiene un laberinto ideal? Pon un √ si tú crees que es un requisito (*requirement*) esencial de un laberinto:

_____ tiene muchos muros (*walls*)   _____ se ven espejos por todas partes

_____ hay poca luz   _____ hay muchas galerías

_____ tiene varios niveles   _____ es fácil perderse

_____ hay muchas entradas y salidas

Ejercicio 3. Aquí tienes unas palabras que te van a ayudar a comprender el cuento. Relaciona la palabra con su equivalente en inglés.

_____ 1. Alá: el Poderoso; Dios   a. *governor; warden*

_____ 2. Rey: monarca; líder de un reino   b. *to untie*

_____ 3. mago: hombre mágico   c. *God*

_____ 4. perplejo: confuso   d. *subtle*

_____ 5. sutil; no obvio   e. *to topple, to bring down*

_____ 6. implorar: pedir   f. *perplexing, perplexed*

_____ 7. socorro: ayuda   g. *to beg*

_____ 8. alcaide: líder   h. *king*

_____ 9. venturosa fortuna: buena suerte   i. *wizard*

_____ 10. derribar: derrotar, destruir   j. *captive*

_____ 11. cautivo: prisionero   k. *good luck*

_____ 12. desatar: quitar las cuerdas que atan   l. *help*

Ejercicio 4. Completa el cuento siguiente, seleccionando palabras de la lista y usando la forma correcta del verbo.

alcaide   cautivo   desatar   Dios   implorar   perplejo   rey   socorro   venturosa fortuna

Es una historia conocida en esas partes. Se cuenta que el _____ del

país tuvo alguna disputa con el _____ de la ciudad capital. Para tomar

venganza (*get revenge*) el monarca lo capturó y lo hizo _____ en la

prisión más antigua del reino.

El prisionero no pudo entender la furia de su líder y quedó totalmente

_____. Pero como era un hombre religioso, _____

la ayuda de _____.

Entonces, le tocó un poco de _____. Llegó una figura desconocida

que le _____ las manos y lo dejó salir como hombre libre.

Comprensión

Lee el cuento "Los dos reyes y los dos laberintos". Después, completa los ejercicios de *Comprensión*.

Los dos reyes y los dos laberintos

Cuentan los hombres dignos de fe (pero Alá sabe más) que los primeros días hubo un rey de las islas de Babilonia que congregó a sus arquitectos y magos y les mandó a construir un laberinto tan perplejo y sutil que los varones más prudentes no se aventuraban a entrar, y los que entraban se perdían. Esa obra era un escándalo, porque la confusión y la maravilla son operaciones propias de Dios y no de los hombres. Con el andar del tiempo° vino a su corte un rey de los árabes, y el rey de Babilonia (para hacer burla de° la simplicidad de su huésped) lo hizo penetrar en el laberinto, donde vagó afrentado° y confundido hasta la declinación de la tarde. Entonces imploró socorro divino y dio con la puerta. Sus labios no profirieron queja ninguna°, pero le dijo al rey de Babilonia que él en Arabia tenía un laberinto mejor y que, si Dios era servido, se lo daría a conocer algún día. Luego regresó a Arabia, juntó a sus capitanes y a sus alcaides y estragó los reinos° de Babilonia con tan venturosa fortuna que derribó sus castillos, rompió sus gentes e hizo cautivo al mismo rey. Lo amarró encima de un camello veloz y lo llevó al desierto. Cabalgaron tres días, y le dijo: —¡O, rey del tiempo y substancia y cifra del siglo°!, en Babilonia me quisiste perder en un laberinto de bronce con muchas escaleras, puertas y muros; ahora el Poderoso ha tenido a bien que te muestre el mío°, donde no hay escaleras que subir, ni puertas que forzar, ni fatigosas galerías que recorrer, ni muros que te veden el paso°.

Luego le desató las ligaduras y lo abandonó en mitad del desierto, donde murió de hambre y de sed. La gloria sea con Aquel que no muere.

the passage of time
to make fun of
wandered ashamed

didn't utter a single complaint

ravaged the kingdoms

reigning figure of the century

the Almighty has seen fit for me to show you mine

that block your way

El Aleph (Buenos Aires: Emecé Editores, 1957)

Ejercicio 1.   En este cuento conocemos a dos reyes: (A) el rey de los árabes y (B) el rey de Babilonia. Lee las oraciones a continuación y decide a cuál de los dos reyes se refiere. Usa *A* o *B* para indicar tus respuestas.

_____   1. Su laberinto era de espacio y arena (*sand*).

_____   2. Se burló de un hombre que visitaba su país.

_____   3. Hizo construir un laberinto de galerías y escaleras.

_____   4. Destruyó las tierras de su enemigo (*enemy*).

_____   5. Se murió en el desierto.

_____   6. Reunió (*called together*) a arquitectos y magos.

_____   7. Reunió a capitanes y alcaides.

_____   8. Ocultó (*He hid*) sus sentimientos de vergüenza.

_____   9. Fue el último en reírse (*had the last laugh*).

_____ 10. Viajó con las manos atadas encima de un camello.

Ejercicio 2.   Ahora, vuelve a arreglar (*rearrange*) las oraciones del Ejercicio 1 en el mismo orden en que ocurren en el cuento.

1. _____

2. _____

3. _____

4. _____

5. _____

6. _____

7. _____

8. _____

9. _____

10. _____

Después de leer

Completa la actividad; luego compara tus respuestas con las de tu compañero(a).

1. ¿Crees tú que se puede justificar la acción del rey de los árabes? Escribe por qué sí o no.

_____

_____

_____

2. Supongamos que (*Suppose that*) el rey de Babilonia intentó convencer al rey de los árabes de que no lo abandonara en el desierto. Escribe aquí el diálogo hipotético entre los dos reyes en ese momento:

rey de Babilonia: _____

rey de los árabes: _____

rey de Babilonia: _____

rey de los árabes: _____

rey de Babilonia: _____

rey de los árabes: _____

3. ¿Cuáles serían (*What might have been*) las últimas palabras que salieron de los labios del rey de Babilonia?

_____

_____

Ecribamos un poco

Paso 1

A. Dos hermanas, dos perspectivas.   Las hermanas Castillo son muy distintas. Felisa es más alegre y más positiva, mientras que Dolores es más pesimista, más negativa. Toma el papel de cada hermana y completa sus comentarios. Es necesario usar un verbo distinto en el subjuntivo para cada oración.

Modelo

      Felisa: ¿Sabes que Margarita tiene una cita esta noche con Pepe Romano?

      Dolores: ¡No me digas!

      Felisa: Pues, me alegro de que *salga con él. Es muy simpático.*

      Dolores: Yo no. Tengo miedo de que *no la trate bien.*

Número 1

Felisa: Nuestros padres van de vacaciones por dos semanas.

Dolores: Sí, lo sé.

Felisa: Pues, es bueno que _____

_____

Dolores: ¡Qué va! Es una lástima que_____

_____

Número 2

Felisa: Nuestra tía Liliana va a tener un bebé.

Dolores: No te lo creo.

Felisa: Pues sí, estoy contenta de que _____

_____

Dolores: ¿Qué dices? Me preocupa mucho que _____

_____

Número 3

Felisa: Nuestro curso de estudios termina muy pronto.

Dolores: Sí, en dos semanas.

Felisa: Ojalá que _____

_____

Dolores: Eso dices tú. Pero me molesta que _____

_____

Felisa: Dolores, ¡qué pesimista eres tú!

ATAJO

Grammar: Verbs: Subjunctive

B. Buenas noticias y malas noticias.   Tu primo colombiano te manda una carta para contarte las últimas noticias (*the latest news*). Lee su carta en la página 154 y respóndele. En tu carta, comenta las buenas y las malas noticias. Es necesario incorporar las expresiones de la lista en tu carta:

me sorprende que	*es bueno que*	*estoy emocionado(a) a que*
siento que	*es importante que*	*estoy triste*

Querido primo(a),

Saludos de Medellín. Te escribo con buenas noticias y malas noticias. Primero las buenas. Acabo de recibir una carta de aceptación para estudiar en los Estados Unidos el año que viene. Estoy muy contento. Hay unos problemas de finanzas, pero espero solucionarlos muy pronto. Si me ofrecen una beca (*scholarship*) están solucionados. Soy muy optimista y empiezo los preparativos esta semana.

Por otro lado (*On the other hand*), ¿recuerdas la boda de Alfredo y Olivia a la que asistimos el año pasado? Pues, ¡fíjate! ¡Acaban de separarse! Parece que la situación es permanente. Ella quiere tomar un nuevo trabajo en otra ciudad, pero como él tiene su compañía aquí, él no quiere ir. Por el momento, la separación es su única solución.

¿Qué te parece? Escríbeme pronto.

Abrazos,
Eduardo

Querido Eduardo:

Acabo de recibir tus noticias y ¡qué sorpresa! _____

_____

_____

_____

_____

_____

_____

_____

_____

_____

                                        _____

                                        _____

Paso 2

A. Para sentirse mejor. El doctor Vergara basa sus recomendaciones en la información que apunta (*he jots down*) mientras examina a sus pacientes. Toma el papel del doctor y escribe unas recomendaciones lógicas.

Flora Benavides
está agotada
fuma
sufre del insomnio

José Vergara, M.D.
Medicina Interna

Paciente: Flora Benavides

Recomendación:

Es preferible que Ud. _____

_____

_____

Le prohibo que Ud. _____

_____

_____

Javier Ríos
tiene mucho estrés de trabajo
es padre soltero con dos hijos pequeños
se preocupa por el dinero

José Vergara, M.D.
Medicina Interna

Paciente: Javier Ríos

Recomendación:

Es preferible que Ud. _____

_____

_____

Le prohibo que Ud. _____

_____

_____

Eva García

quiere perder peso

no le gusta el ejercicio

está sentada todo el día

José Vergara, M.D.
Medicina Interna

Paciente: Eva García

Recomendación:

Es preferible que Ud. _____

_____

_____

Le prohibo que Ud. _____

_____

_____

_____

Lorenzo Ochoa

tiene mala cara

toma mucho alcohol

duerme 16 horas al día

José Vergara, M.D.
Medicina Interna

Paciente: Lorenzo Ochoa

Recomendación:

Es preferible que Ud. _____

_____

_____

Le prohibo que Ud. _____

_____

_____

_____

B. Un currículum de primera. Tienes un trabajo como consejero de carrera (*job counselor*). La información en el artículo siguiente es útil para tus clientes. Lee el artículo; después, escribe unos consejos para tus clientes sobre cómo preparar un currículum de primera (*a first-class c.v.*).

Un currículum de primera

El currículum o resumé, básicamente, explica quién eres, cuáles son tus calificaciones, experiencia, aspiraciones. Es importante, pues de él depende que te llamen para una entrevista. Para que entiendas: es una especie de "anuncio" de un producto: ¡tú!

- El currículum debe tener buena presentación. Escríbelo a maquinilla o en computadora y, por supuesto, nada de faltas de ortografía, manchas y borrones.
- En la primera hoja debes escribir tus datos personales: nombre completo, edad, estado civil, dirección, teléfono (si tu país lo requiere, número de seguro social, carnet de identidad, etc.)
- A continuación los estudios realizados: primaria, secundaria, universidad, cursos especiales, idiomas, etc. Incluye títulos, diplomas, menciones especiales... Esto es tu fuerte.

- En la segunda hoja, anota tu experiencia laboral. Tal vez no tengas mucha, pero inclúyela, por insignificante que te parezca. Es señal de que tienes concepto de la responsabilidad. ¿Ninguna? Entonces haz una lista de tus cualidades, facilidades, aptitudes; todo lo que pueda interesar a tu posible-futuro empleador: talento para las relaciones humanas, facilidad para investigar, capacidad administrativa, etc.
- Sé clara, corta y convincente. No entregues hojas sueltas. Encuaderna tu resumé, preferiblemente en una carpeta plastificada. Es tu tarjeta de presentación.

Y no hablamos de sueldo... Ese tema no se discute "en papel".
Espera a hablarlo en persona.

Si usted quiere presentar un currículum de primera, le ofrezco varios consejos.

1. Le aconsejo que _____

   porque _____

2. Es mejor que _____

   porque _____

3. Es recomendable que _____

   porque _____

4. Muchos jefes (*bosses*) piden que Ud. _____

   porque _____

5. Es importante que _____

   porque _____

Paso 3

A. Un trabajo nuevo. Gonzalo habla con Linda de sus planes para un trabajo este verano. Completa el diálogo de una manera creativa. Usa los pronombres directos e indirectos en tu respuesta. Sigue el modelo.

Modelo

Gonzalo: ¿Quién te contó las buenas noticias?

Linda: *El jefe de la compañía me las contó.*

1. Gonzalo: ¿Cuándo te ofrecieron el aprendizaje?

   Linda: _____

2. Gonzalo: ¿Por qué te mandaron tanta información?

   Linda: _____

3. Gonzalo: ¿Por qué vas a mandarles tu currículum a otras compañías?

   Linda: _____

4. Gonzalo: ¿Por qué no pides un salario más alto?

   Linda: _____

5. Gonzalo: ¿Cuándo piensas decirles tus planes a tus padres?

   Linda: _____

6. Gonzalo: ¿Con qué frecuencia me vas a escribir unas cartas este verano?

   Linda: _____

B. ¿Verdad o mentira? ¿Hasta qué punto crees tú en la información que te dan? Usa las expresiones de certeza y duda para expresar tus opiniones. Después, escribe una oración para justificar tu opinión. Trata de no repetir los verbos.

Modelo

Más personas hablan español en la ciudad de Nueva York que en la ciudad de San Juan, Puerto Rico.

No creo que se hable más español en Nueva York que en San Juan porque el idioma oficial de Puerto Rico es el español.

o: *Es verdad que hay más hispanohablantes en Nueva York que en San Juan porque los puertorriqueños son ciudadanos (citizens) de los Estados Unidos.*

1. México, D.F., es la ciudad más poblada del mundo.

   _____

   _____

2. Las mujeres tienen las mismas oportunidades que los hombres en el mundo de los deportes pro-fesionales.

_____

_____

3. Un título de la universidad es garantía de un buen trabajo.

_____

_____

4. Hay más amor en una familia grande que en una familia pequeña.

_____

_____

5. El estrés resulta de tener demasiadas responsabilidades y no suficiente dinero.

_____

_____

6. Los problemas de dinero siempre tienen solución.

_____

_____

7. Los novios deben vivir juntos antes de casarse.

_____

_____

8. Es fácil hacer buenos amigos en la universidad.

_____

_____

Todo oídos

La emisora de radio WSEC 104.5 les presenta...

" En contacto".   Escucha el siguiente fragmento del programa "En contacto" donde los radioyentes pueden llamar y consultar sus problemas con el sicólogo, el Dr. Armando Vega. Luego, contesta las preguntas.

_____ 1. El problema de Laura tiene que ver con...
   a. el dinero.
   b. su familia.
   c. el amor.

2. Escucha la respuesta del Dr. Vega y reacciona a su recomendación para Laura. ¿Estás de acuerdo o no? Justifica tu respuesta.

   _____

   _____

_____ 3. Víctor tiene un problema con...
   a. su esposa.
   b. su hijo menor.
   c. todos sus hijos.

4. ¿Qué opinas de los consejos del Dr. Vega? Escribe tu propia recomendación y justificación para Víctor.

   _____

   _____

   _____

5. Desafortunadamente, hay problemas con la transmisión de la emisora de radio WSEC 104.5 y no puedes oír la respuesta del Dr. Vega. Escribe tus consejos para Carla.

   _____

   _____

   _____

_____ 6. El anuncio es para personas con...
   a. problemas físicos.
   b. problemas financieros.
   c. problemas emocionales.

_____ 7. El director es...
   a. neurólogo y sicólogo.
   b. un siquiatra.
   c. un profesor.

La pronunciación

A. You are probably aware that there are different speech patterns or dialects in the English-speaking world. They include the English that is spoken in Britain and in some of the Caribbean islands, as well as in different parts of the United States. Distinctive speech patterns also exist in the Spanish-speaking world. Although you will speak only one dialect, it is important that you learn to understand all of them. You may already be familiar with some of them. Here are some of the most distinguishing sounds:

1. The *y* in words like *yo* and the *ll* in words like *llamo* are somewhat like the *j* in the word *Joe* or the Z in *Zsa Zsa*.

2. There is a marked difference in the intonation (the pitch pattern), and there is a tendency to lengthen the *s* sound which is also produced when the letter *c* is followed by an *e* or *i*.

3. There is a *th* sound in words like *thin* when the letters *z* or *c* (followed by *e* or *i*) occur.

4. There is a tendency to drop the *s* in the middle and at the end of words like *buscan* [búhkan].

Ejercicio 1.   Listen as four native speakers of Spanish introduce themselves, and match each speaker to one of the distinguishing sounds above.

    1. _____   3. _____

    2. _____   4. _____

Ejercicio 2.   Now, listen to each one again and check your answers, since each speaker has added his or her nationality at the end of his or her presentation. In which country is each of these distinguishing sounds prevalent?

    1. _____   3. _____

    2. _____   4. _____

Repasemos

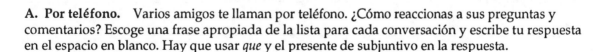

A. Por teléfono.   Varios amigos te llaman por teléfono. ¿Cómo reaccionas a sus preguntas y comentarios? Escoge una frase apropiada de la lista para cada conversación y escribe tu respuesta en el espacio en blanco. Hay que usar *que* y el presente de subjuntivo en la respuesta.

darme otro	no decirle nada
encontrar otro puesto pronto	no llamarme a estas horas
estar abierto los domingos	no poder acompañarnos
hacer una cosa tan loca	sacar B en el curso
ir a su casa en el campo	ser muy felices

1. —Mi prima Giuliana se casa en abril con su novio Alfredo.

   —¡Qué buena noticia! Espero _____

   _____.

2. —Acabo de enterarme de que van a despedir (*to fire*) a mi hermano. ¡Imagínate! Después de tan-

   tos años con la misma compañía!

   —¡No te preocupes! Es muy probable _____

   _____.

3. —Lo siento mucho, pero no vamos a poder ir al concierto con ustedes. Nuestro hijo David tiene

   un poco de fiebre y no queremos dejarlo con la niñera.

   —Es una lástima _____

   _____.

   ¡Que se mejore pronto David!

4. —Me dicen que Laura, la novia de Ramón, está saliendo con otro chico. ¡Pobre Ramón! Seguro

   que él no sabe nada.

   —Es mejor _____

   _____.

   No es asunto tuyo (*your business*).

5. —Estoy tan deprimida. No salí nada bien en el examen de ciencias de computación.

   —Pero todas tus otras notas son buenas. Todavía es posible_____

   _____.

6. —Si no tienes suficiente dinero, ¿por qué no les pides un préstamo a tus padres?

   —Es que ya me han dado (*have given*) muchos préstamos. Dudo _____

   _____.

7. —¿Dónde van Uds. a pasar las vacaciones?

   —Mis abuelos quieren _____

   _____.

8. —¿Has oído la última noticia? Marilú piensa dejar sus estudios e ir a Nueva York a trabajar. Sus

   padres están desesperados. Sólo le quedaban dos meses para graduarse.

   —Me sorprende _____.

9. —¿Quieres ir a tomar una pizza a Casa Luigi?

   —Me encantaría, pero no creo _____

   _____. ¿Conoces otro sitio bueno?

10. —Perdona, sé que es muy tarde, pero no podía dormir y…

    —¡Hombre! Son las tres de la madrugada. Te pido _____

    _____.

B. Planes para una boda.   Vuelve a expresar los sentimientos de Anita sobre los planes para su boda. Sigue el modelo. Usa el presente de subjuntivo o el presente de indicativo según el caso.

Modelo

   Ricardo y yo nos casamos en abril. (Me alegro)
   Me alegro de que nos casemos en abril.

1. Es mi mejor amigo. (Estoy muy contenta)

   _____

2. Nos conocemos bien. (Es bueno que)

   _____

3. Vamos a vivir en una casa nueva. (Es verdad que)

   _____

4. Hay suficiente dinero para la boda. (No creo que)

   _____

5. Toda mi familia viene a la boda. (Es importante que)

   _____

6. Tenemos reservaciones para viajar a Mazatlán para nuestra luna de miel. (Me encanta)

   _____

7. Salimos de viaje inmediatamente después de la recepción. (Ojalá)

   _____

8. Llevamos cuatro maletas. (Nos prohiben)

   _____

9. Dormimos bien en el avión. (Dudo que)

   _____

10. Ricardo vuelve a su trabajo en dos semanas. (Me molesta)

   _____

C. En los cumpleaños. Escribe las preguntas que hace Laura cuando su hermana Mónica le habla de los regalos de cumpleaños. Es necesario usar los complementos directos e indirectos en tu pregunta. Sigue el modelo.

Modelo

> Mónica: Papá le compró un suéter a mamá.
> Laura: *¿Dónde se lo compró?*

1. Mónica: Nuestros abuelos nos regalaron unas blusas feas.

   Laura: ¿Por qué _____?

2. Mónica: Yo pienso darte unos casetes nuevos.

   Laura: ¿Cuándo _____?

3. Mónica: Los hermanos compraron regalos para mamá y papá.

   Laura: ¿Cuándo _____?

4. Mónica: Esteban quiere darme unas novelas nuevas.

   Laura: ¿Por qué _____?

5. Mónica: ¡Mira! Abuelita lleva el sombrero nuevo que le regalamos.

   Laura: ¿Cuándo _____?

Gramática suplemental

CAPÍTULO 1
¡Así somos!

El presente progresivo

A. La formación del presente progresivo. To form the present progressive tense, you must use a conjugated form of the verb *estar* and a **present participle**. The present participle is formed by adding *-ando* to the stem of *-ar* verbs and by adding *-iendo* to the stem of most *-er* and *-ir* verbs.

Infinitive	Present participle	Meaning
hablar	hablando	*talking, speaking*
comer	comiendo	*eating*
escribir	escribiendo	*writing*

-Er and *-ir* verbs that have a vowel before the infinitive ending form the present participle by adding **-yendo**.

leer	leyendo	*reading*
construir	construyendo	*building, constructing*

Notice in the following examples that the verb *estar* and the present participle are used together to form the present progressive.

yo	**Estoy estudiando** historia.	*I am studying history.*
tú	¿Con quién **estás hablando**?	*Who are you talking to?*
usted / él / ella	Elena **está leyendo** una novela.	*Elena is reading a novel.*
nosotros(as)	**Estamos mirando** una película.	*We are watching a movie.*
vosotros(as)	¿Qué **estáis haciendo**?	*What are you (plural) doing?*
ustedes / ellos / ellas	José y Marta **están comiendo** en la cafetería.	*José and Marta are eating in the cafeteria.*

B. La función del presente progresivo. The present progressive tense is used to describe what somebody is doing or what is taking place at the moment that someone is speaking. In other words, it is used to give a vivid description of what is happening at the moment of speech.

Hablando por teléfono:
—Señora Lopes, soy yo, Felipe. ¿Puedo hablar con Marcos?

Mrs. Lopes, it's Felipe. Can I talk to Marcos?

—Lo siento, Felipe, pero Marcos **está haciendo** la tarea ahora.

I'm sorry, Felipe, but Marcos is doing his homework right now.

Hablando con el policía:
—Mire usted, mis vecinos **están armando** un escándalo. **Están tocando** música muy alto y todos los invitados **están bailando** en la calle.

Look, my neighbors are raising a ruckus. They are playing their music really loud and all the guests are dancing in the street.

Unlike the English present progressive, in Spanish this verb tense is never used to talk about future events. The simple present tense may be used in that case.

We **are leaving** for Tucson tomorrow. *Salimos para Tucson mañana.*

Ponerlo a prueba

A. En una escuela. Mira el dibujo y describe las actividades de los niños. Escribe oraciones completas en el presente progresivo.

_____

_____

_____

_____

_____

_____

_____

_____

B. Las excusas. Es viernes por la noche. Uno por uno, tus amigos te llaman para invitarte a salir. Pero tú tienes planes de encontrarte (*to get together*) con tu ex novio(a) y no quieres decírselo a nadie. Dales (*Make*) excusas a tus amigos según el modelo.

Modelo

Patricia y Sonia te invitan a ir al cine.

(Tú contestas) *No puedo, estoy lavando la ropa.*

1. Tus amigos del equipo de béisbol te invitan a tomar unas cervezas.

_____

2. Tú compañero(a) de cuarto tiene un boleto extra para un concierto.

_____

3. Tu vecino(a), que es muy atractivo(a), te invita a una comida en su casa.

_____

4. Tus padres te invitan a salir a comer a un buen restaurante.

_____

5. Unos amigos dan una fiesta de cumpleaños.

_____

CAPÍTULO 2
¡De viaje!

El futuro

A. La formación del futuro. To form the future tense of most verbs, add the following set of verb endings to the entire **infinitive**. Notice in the following examples that the same set of endings is used for *-ar, -er* and *-ir* verbs.

	viajar (*to travel*)	**volver** (*to return*)	**ir** (*to go*)
yo	viajar**é**	volver**é**	ir**é**
tú	viajar**ás**	volver**ás**	ir**ás**
usted / él / ella	viajar**á**	volver**á**	ir**á**
nosotros(as)	viajar**emos**	volver**emos**	ir**emos**
vosotros(as)	viajar**éis**	volver**éis**	ir**éis**
ustedes / ellos / ellas	viajar**án**	volver**án**	ir**án**

There are a number of irregular verbs in the future tense. These verbs use the same endings as the regular verbs, but the endings are attached to an irregular infinitive stem.

Meaning	Verb	Stem	Endings	Example
to say, to tell	decir	dir-	-e	saldré
to do, to make	hacer	har-	-ás	saldrás
to have	tener	tendr-	-á	saldrá
to put, to place	poner	pondr-	-emos	saldremos
to come	venir	vendr-	-éis	saldréis
to leave, to go out	salir	saldr-	-án	saldrán
to know	saber	sabr-		
to want	querer	querr-		
to be able to	poder	podr-		

The future of the verb *hay* (*haber*) is *habrá*:

—¿**Habrá** una excursión por la tarde?   *Will there be an excursion in the afternoon?*
—No, pero **habrá** una por la mañana.   *No, but there will be one in the morning*

B. La función del futuro. The future tense is used to describe what will **happen** or what somebody will **do**. It is often used to refer to future events, particularly those that will take place in the somewhat distant future. Notice in the following examples that the English word "will" is not translated but expressed through the verb ending in Spanish.

Su tour **empezará** con un corto viaje en autobús. Después, usted **visitará** la hermosa catedral. Su guía le **recomendará** varios restaurantes donde usted **podrá**...

Your tour will begin with a short trip by bus. Afterwards, you will visit the beautiful cathedral. Your guide will recommend several restaurants where you will be able to . . .

The future tense is also used to **speculate** about what is **probably** going on or taking place **right now** or what will **probably** take place in the **near future**.

—¿Qué hora es, mamá?   *What time is it, Mom?*
—No sé, hija. **Serán** las cinco.   *I don't know. It must be five o'clock.*
—¿Cuándo va a llegar papá?   *When is Dad coming home?*
—No te preocupes. **Llegará** pronto.   *Don't worry. He will probably come soon.*

Ponerlo a prueba

A. Un tour al Ecuador.   El señor Pacheco quiere hacer un viaje al Ecuador. Ahora está hablando con una agente de viajes. Lee la conversación y completa los espacios en blanco con la forma correcta del futuro.

El señor Pacheco: ¿Qué ciudades (nosotros / visitar) _____?

La agente: Bueno, primero, (ustedes / pasar) _____ dos

días en Quito, la capital. Luego, (ustedes / empezar)

_____ las excursiones a otras ciudades —

Lago Agrio, Otavalo, Riobamba, Cuenca y otros lugares.

El señor Pacheco: ¿(Ser) _____ posible explorar un poco las selvas amazónicas?

La agente: ¡Cómo no! También (haber) _____ una excursión opcional a los Andes.

El señor Pacheco: ¿(Nosotros / tener) _____ la oportunidad de

visitar las islas Galápagos?

La agente: Claro que sí. Ese tour (salir) _____ el miér-

coles, dieciséis de mayo y (volver) _____ el

martes, día veintidós.

El señor Pacheco: ¡Fenomenal! Parece un viaje fantástico. (Yo / hablar)

_____ con mi esposa y la (yo / llamar)

_____ la próxima semana con nuestra

decisión.

La agente: Muy bien. Hasta pronto.

B. Los turistas. Examina el dibujo y contesta las preguntas en oraciones completas. ¿Qué pasará (*is probably happening*)?

1. ¿En qué país estarán estos turistas? ¿De dónde serán?

_____

2. ¿Quién será el señor? ¿la señora a la izquierda?

_____

3. ¿Quién será la niña? ¿Cuántos años tendrá?

_____

4. ¿Qué le dirá el señor a la vendedora (*vendor*)? ¿Qué le dirá la vendedora?

_____

5. ¿Cuánto costará la piñata? ¿Comprará la piñata el señor?

_____

6. ¿Qué querrá comprar la señora? ¿Cuánto costará?

_____

CAPÍTULO 3
Entre familia

El participio pasado

A. La formación del participio pasado. To form the past participle of most verbs simply replace the *-ar* ending of the infinitive with *-ado* and the *-er* or *-ir* ending with *-ido.*

Infinitive	Past participle	Meaning
preocupar	preocupado	*worried, preoccupied*
vender	vendido	*sold*
aburrir	aburrido	*bored*

A number of common verbs have irregular past participles:

abrir	abierto	*open, opened*
decir	dicho	*said, told*
escribir	escrito	*written*
hacer	hecho	*done, made*
morir	muerto	*dead, died*
poner	puesto	*put, placed*
resolver	resuelto	*resolved, solved*
romper	roto	*broken*
ver	visto	*seen*
volver	vuelto	*returned*

In general, compound words based upon these verbs will share the same kind of irregular past participle:

poner	puesto	*put*
descomponer	descompuesto	*disarrange*

B. La función del participio pasado. Past participles are often used as adjectives to describe the condition of people or things. When used as adjectives, they must agree in number and gender with the noun they are modifying. As is the case with all adjectives indicating conditions, past participles used in this way are often associated with the verb *estar.*

Toda la casa está en orden. Las camas **están hechas**, los platos **están lavados** y la mesa **está puesta**.	*The whole house is in order. The beds are made the dishes are washed, and the table is set.*

Like all other adjectives, past participles may also be placed directly after nouns.

Mi hermano tiene un coche **hecho** en los Estados Unidos.	*My brother has a car made in the United States.*

Ponerlo a prueba

A. Un mal día. La familia Malapata está pasando un día muy malo. Describe su día; completa los espacios en blanco en la página 174 con el participio pasado del infinitivo.

1. Papá está (frustrar) _____. La computadora en su oficina está (descomponer) _____ y todos los documentos importantes están (borrar—*to erase*) _____.

2. Mamá está (preocupar) _____. El autobús llega en diez minutos y los niños todavía no están (vestir—*to dress*) _____.

3. ¡Pobre Miguel! La ventana en su cuarto está (romper) _____ y papá se va a poner furioso con él.

4. Las gemelas, Selenia y Sabrina, están (aburrir) _____. Están (resfriar—*to be down with a cold*) _____ y tienen que guardar cama (*stay in bed*) todo el día.

5. Abuelita está muy (agitar) _____. La puerta de su coche está (cerrar—*to lock, close*) _____ y la llave está (perder—*to lose*)

_____.

B. ¡Cálmate!   Imagínate que tu amiga Sofía le va a dar una fiesta a su novio y, por eso, está un poco preocupada con los preparativos. Tú tienes que calmarla. Trabaja con tu compañero(a) de clase e inventa minidiálogos según el modelo. Hay que usar participios pasados en las respuestas.

Modelo

(Sofía) ¿Quién va a decorar el pastel?

(tú) ¡No te preocupes! El pastel ya (*already*) está **decorado**.

1. —¿Por qué no preparamos los sandwiches ahora?

_____

2. —¿Quién va a poner la mesa?

_____

3. —Ahora tenemos que hacer las camas.

_____

4. —¿Cuándo vamos a envolver (*to wrap*) los regalos?

_____

5. —Debemos abrir las ventanas; hace calor hoy.

_____

6. —¿Hay más platos sucios? Tenemos que lavarlos antes de que lleguen los invitados (*before the guests arrive*).

_____

CAPÍTULO 4
¡Buen provecho!

El presente perfecto

A. La formación del presente perfecto. To form the present perfect tense, you must use the helping verb *haber* (to have) and a past participle.

To form the **past participle** of most verbs, drop the *-ar, -er,* or *-ir* ending of the infinitive and add *-ado* to *-ar* verbs and *-ido* to *-er* and *-ir* verbs.

Infinitive	Past participle	Meaning
comprar	compra**do**	*bought*
comer	comi**do**	*eaten*
salir	sali**do**	*left, gone out*

Some verbs have irregular past participles:

abrir	abierto	*open, opened*
decir	dicho	*said, told*
escribir	escrito	*written*
hacer	hecho	*done, made*
morir	muerto	*dead, died*
poner	puesto	*put, set, placed*
resolver	resuelto	*resolved, solved*
romper	roto	*broken*
ver	visto	*seen*
volver	vuelto	*returned*

Notice in the following examples that you must use both a form of the helping verb *haber* as well as a past participle to form the present perfect tense.

	Haber + past participle	
yo	He **puesto** la mesa.	*I have set the table.*
tú	¿**Has probado** la tortilla?	*Have you tried the omelette?*
Ud. / él / ella	Lupe ya **ha salido.**	*Lupe has already left.*
nosotros(as)	No **hemos visto** el menú.	*We haven't seen the menu.*
vosotros (as)	¿**Habéis** comido allí?	*Have you (pl.) eaten there?*
Uds. / ellos / ellas	**Han hecho** el postre.	*They've made dessert.*

B. La función del presente perfecto. The present perfect verb tense is used to indicate what somebody **has done.**

¿**Has comprado** el vino para la fiesta?   *Have you bought the wine for the party?*
Sí, y también **he preparado** las tapas.   *Yes, and I have also prepared the hors d'oeuvres.*

Ponerlo a prueba

A. Los preparativos. Tú y algunos de tus primos van a dar una gran fiesta para celebrar el noviazgo (*engagement*) de otra prima tuya. Cada persona tiene ciertas responsabilidades. ¿Qué ha hecho cada persona? Primero, lee las listas y escribe oraciones completas según el modelo para las expresiones indicadas con ✔.

Modelo

> *He mandado las invitaciones.*
>
> *Pilar ha alquilado más sillas.*

Yo	
✔	mandar las invitaciones
✔	llevar mi traje a la tintorería (*dry cleaner's*)
✔	comprar el vino
✔	arreglar (*fix up*) el jardín

_____

_____

_____

_____

Pilar	
✔	alquilar más sillas
✔	hacer una tortilla
✔	ir al mercado
___	decorar el pastel
___	preparar la sangría

_____

_____

_____

_____

_____

Paco y Sara	
✔	pagar la orquesta
___	hacer las camas
✔	poner (*set*) la mesa
✔	limpiar el baño
___	pedir (*order*) las flores

_____

_____

_____

_____

_____

Ahora, imagínate que estás hablando con Pilar y también con Paco y Sara. No sabes si han hecho ciertas cosas. ¿Qué preguntas quieres hacerles (*ask them*)? Escribe tus preguntas según el modelo.

Modelo

> *Pilar, ¿has decorado el pastel?*

_____

_____

_____

_____

B. ¿Qué has hecho? Usa las siguientes expresiones para conversar con tu compañero(a) de clase. Primero, escribe las preguntas; luego, entrevista oralmente a tu compañero(a). Sigue el modelo.

Modelo

comer en un restaurante mexicano

(tú) *¿Has comido en un restaurante mexicano?*

(tu compañero[a]) *Sí, he comido en un restaurante mexicano.*

(o: *No, no he comido en un restaurante mexicano.*)

1. comer en un restaurante tailandés _____

   _____

2. probar calamares (*squid*) _____

   _____

3. servir comida mexicana a tus amigos alguna vez (*ever*) _____

   _____

4. beber champán _____

   _____

5. tomar café italiano _____

   _____

6. cocinar para tu familia _____

   _____

7. trabajar de camarero(a) _____

   _____

8. asistir a una cena de gala (*formal*) _____

   _____

9. desayunar hoy _____

   _____

10. hacer una torta alguna vez _____

    _____

11. lavar los platos en un restaurante _____

    _____

12. comer en un café al aire libre _____

    _____

CAPÍTULO 5
En la universidad

El pluscuamperfecto

A. La formación del pluscuamperfecto. To form the past perfect or pluperfect tense, it is necessary to use a past participle together with the helping verb *haber.* To form the past participle of most verbs, drop the *-ar*, *-er*, and *-ir* and add *-ado* to *-ar* **verbs** and *-ido* to *-er* and *-ir* verbs.

Infinitive	Present participle	Meaning
estudiar	estudiado	*studied*
venir	venido	*come*
vivir	vivido	*lived*

The following verbs have irregular past participles:

abrir	abierto	poner	puesto
decir	dicho	resolver	resuelto
escribir	escrito	romper	roto
hacer	hecho	ver	visto
morir	muerto	volver	vuelto

As you read the following examples, notice that you must use both a form of the verb *haber* as well as a past participle to form the past perfect tense.

Haber + past participle		
yo	No **había estudiado** francés.	*I hadn't studied French.*
tú	¿**Habías conocido** al profesor?	*Had you met the profesor?*
Ud. / él / ella	Isaac ya **había terminado.**	*Isaac had already finished..*
nosotros(as)	**Habíamos visto** las residencias.	*We had seen the dormitories.*
vosotros (as)	¿**Habíais tomado** el examen?	*Had you (pl.) taken the exam?*
Uds. / ellos / ellas	No **habían hecho** la tarea.	*They hadn't done the homework.*

B. La función del pluscuamperfecto. Just like the present perfect is used to tell what somebody has done, the past perfect tense or pluperfect is used to tell what somebody **had done** or to indicate what **had happened** before another past event took place.

Mi compañero de cuarto se había
  acostado cuando yo llegué.
Cuando llamaste a Marisol, ya
  había salido.

My roommate had gone to bed when
  I arrived.
When you called Marisol, she had gone
  out already.

Ponerlo a prueba

A. En la universidad. Completa las oraciones con el pluscuamperfecto de los verbos entre paréntesis.

Modelo

—Cuando tomaste la clase sobre la historia de México, ¿ya _habías leído_ (leer) mucho sobre la conquista del Nuevo Mundo?

—No, porque todavía no me _habías interesado_ (interesar) en ese tema.

1. —Cuando tú llegaste, ¿Sebastián·ya _____ (estudiar) para el examen de historia?

   —No, porque él no _____ (terminar) de limpiar su cuarto.

2. —Cuando visitaste a tu compañera de cuarto, ¿ya _____ (conocer) a su familia?

   —No, porque sus padres no _____ (venir) a la universidad.

3. —Cuando tus padres te llamaron por teléfono, ¿ya _____ (levantarse) Uds.?

   —Sí, porque nosotros _____ (ir) a desayunar temprano.

4. —Cuando fuiste a España, ¿ya _____ (tomar) español?

   —No, porque no _____ (tener) la oportunidad.

5. —Cuando tus amigos se graduaron de la universidad, ¿ya _____ (encontrar) trabajo?

   —Sí, porque ellos _____ (mandar) muchas solicitudes.

B. Antes de venir a esta universidad. Usa la información siguiente para escribir preguntas con el pluscuamperfecto de los verbos según el modelo. Luego, entrevista oralmente a un(a) compañero(a) de clase.

Modelo

(Antes de venir a esta universidad...) conocer a tu compañero(a)

   (tú) _(Antes de venir a esta universidad,) ¿habías conocido a tu compañero(a) de cuarto?_

(tu compañero[a]) _Sí, (antes de venir a esta universidad) había conocido a mi compañero(a) de cuarto._

   o: _No, (antes de venir a esta universidad) no había conocido a mi compañero(a) de cuarto.)_

Antes de venir a esta universidad...

1. vivir en otra ciudad _____

   _____

2. siempre lavar tu ropa _____

   _____

3. comer tantas (_so many_) comidas en cafeterías y restaurantes _____

   _____

4. tomar tantas asignaturas interesantes _____

_____

5. tener profesores tan exigentes _____

_____

6. hacer tanta (*so much*) tarea _____

_____

7. ir a tantas fiestas _____

_____

8. aprender tantos datos fascinantes _____

_____

9. salir a tantos lugares diferentes _____

_____

10. divertirse tanto (*so much*) _____

CAPÍTULO 6
Problemas y diversiones en la ciudad

El condicional

A. La formación del condicional. The conditional tense of most verbs is formed by adding a set of endings to the **whole infinitive**; the same set of endings is used for *-ar*, *-er*, and *-ir* verbs.

	llegar (*to arrive*)	**volver** (*to return*)	**vivir** (*to live*)
yo	llegaría	volvería	viviría
tú	llegarías	volverías	vivirías
usted / él / ella	llegaría	volvería	viviría
nosotros(as)	llegaríamos	volveríamos	viviríamos
vosotros(as)	llegaríais	volveríais	viviríais
ustedes / ellos / ellas	llegarían	volverían	vivirían

For a number of common verbs, this same set of endings must be added to an **irregular stem**; these are the same irregular stems that are used to form the future tense. (See, *Gramática suplemental, Capítulo 2.*)

Meaning	Verb	Stem	Endings	Example
to say, to tell	decir	**dir-**	-ía	haría
to do, to make	hacer	**har-**	-ías	harías
to have	tener	**tendr-**	-ía	haría
to put, to place	poner	**pondr-**	-íamos	haríamos
to come	venir	**vendr-**	-íais	haríais
to leave, to go out	salir	**saldr-**	-ían	harían
to know	saber	**sabr-**		
to want	querer	**querr-**		
to be able to	poder	**podr-**		

The conditional of the verb *hay* (*haber*) is *habría*:

> **Habría** más gente en el tour, pero está lloviendo.
> *There would be more people on the tour, but it's raining.*

B. La función del condicional. The conditional verb tense is used to describe what somebody **could/would do** or what **would happen** under certain conditions or circumstances.

> Yo que tú, **iría** a Cozumel para las vacaciones.
> *If I were you, I would go to Cozumel on vacation.*

> En tu lugar, no **llevaría** más de dos maletas.
> *In your place, I wouldn't take more than two suitcases.*

> Si tuvieran más dinero, **viajarían** por todo el mundo.
> *If they had more money, they would travel all around the world.*

| Con más tiempo y dinero, **visitaríamos** las Islas Galápagos. | *With more time and money, we would visit the Galapagos Islands.* |

The conditional tense is also commonly used with the verbs *gustar*, *poder*, and *deber* to indicate politeness.

| **Me gustaría** informarme sobre los tours a Cancún. ¿**Podría usted** ayudarme? | *I **would like** to get some information about tours to Cancún. **Could you** help me?* |
| **Deberías** comprar cheques de viajero. | *You **should** buy traveler's checks.* |

Ponerlo a prueba

A. Unas vacaciones estupendas. Imagínate que tienes suficiente dinero y tiempo para realizar el viaje de tus sueños (*the trip of your dreams*). ¿Adónde irías? ¿Qué harías? Contesta las siguientes preguntas en oraciones completas; hay que usar el condicional.

1. ¿Dónde te gustaría pasar las vacaciones? Explica por qué. _____

   _____

2. ¿Con quiénes irías? _____

   _____

3. ¿Cuánto tiempo pasarías allí? _____

   _____

4. ¿Viajarías en avión, tren, barco o coche? _____

   _____

5. ¿Cuándo saldrías? ¿Cuándo volverías? _____

   _____

6. ¿Cuántas maletas llevarías? _____

   _____

7. ¿Cuánto dinero llevarías? ¿Usarías cheques de viajero o tarjetas de crédito? _____

   _____

8. ¿Qué harías el primer día? _____

   _____

B. Pequeños dilemas.   Imagínate en las siguientes situaciones. Explica qué harías; usa oraciones completas en el tiempo condicional. Luego, compara tus respuestas con las de un(a) compañero(a).

1. Te gustaría estudiar español en México durante el verano. El precio del programa es $2.500. Explicas la situación a tus padres y les pides un préstamo (*loan*). ¿Qué harían tus padres?

   _____

   _____

2. Ahora estás en México. El primer día que sales a ver la ciudad, pierdes (*you lose*) tus cheques de

   viajero. ¿Qué harías? _____

   _____

   _____

3. El segundo día de tu viaje, tú y unos amigos están caminando por la ciudad y se pierden. ¿Qué

   harían ustedes? _____

   _____

   _____

4. Un día, estás en la calle con un amigo cuando, de repente, él se siente muy enfermo. ¿Qué harías tú?

   _____

   _____

5. El último día de tu viaje, descubres que ya has gastado (*you have already spent*) todo tu dinero. No

   tienes nada, ni para comer, ni para ir al aeropuerto. ¿Qué harías?_____

   _____

   _____

CAPÍTULO 7
¡A divertirnos!

Los mandatos informales

A. Los mandatos afirmativos. In *Capítulo 6* you learned how to use commands to give directions and instructions to people you would normally address with *usted* or *ustedes*. In this section, you will learn how to give commands to persons you normally address with *tú* or *vosotros*; such commands are known as **informal commands**.

The informal commands use different verb forms for affirmative ("Put your sweater on!") and negative ("Don't walk on the grass!") commands. The **affirmative** *tú* command uses the same verb form as the *él* form of the present tense.

La niña **juega** con su muñeca.   *The girl plays with her doll.*

(tú) **Juega** con tu muñeca.   *Play with your doll.*

Infinitive	Affirmative *tú* command	Meaning
jugar	¡**Juega** con tu hermanito!	*Play with your little brother*
comer	¡**Come** las espinacas!	*Eat your spinach!*
escribir	¡**Escribe** en tu cuaderno!	*Write in your notebook!*

Some common verbs have irregular affirmative *tú* commands:

Infinitive	Affirmative *tú* command	Meaning
decir	¡**Di** la verdad!	*Tell the truth!*
hacer	¡**Haz** la tarea!	*Do your homework!*
ir	¡**Ve** a la tienda!	*Go to the store!*
poner	¡**Pon** tus cosas en tu cuarto!	*Put your things in your room!*
salir	¡**Sal** de la cocina!	*Get out of the kitchen!*
ser	¡**Sé** bueno!	*Be good!*
tener	¡**Ten** cuidado!	*Be careful! (literally, "Have care!")*
venir	¡**Ven** acá!	*Come here!*

B. Los mandatos negativos. In order to tell somebody what not to do, you need to use a **negative** command. For the negative *tú* command of most verbs, you must follow a two-step procedure. First, conjugate the verb in the *yo* form of the present tense; then, drop the *-o* and add *-es* to *-ar* verbs and *-as* to *-er* and *-ir* verbs.

Infinitive	yo form	Negative *tú* command	Meaning
tomar	tomo	¡**No tomes** más vino!	*Don't drink any more wine!*
poner	pongo	¡**No pongas** los pies en la mesa!	*Don't put your feet on the table!*
salir	salgo	¡**No salgas** sin mí!	*Don't leave without me!*

Several verbs do not follow this pattern of formation. These irregular negative *tú* commands are:

dar	no des	saber	no sepas
estar	no estés	ser	no seas
ir	no vayas		

The irregular *tú* commands are used in the same way as the regular commands:

¡**No seas** tonto! *Don't be silly!*

¡**No vayas** solo! *Don't go alone!*

C. Los mandatos con complementos y pronombres reflexivos. Commands are often used together with reflexive pronouns and/or with direct and indirect object pronouns. When this is the case, it is important to place the pronoun in its correct position. With **affirmative** commands, the pronouns are **attached** to the **end** of the command, and an accent mark is added on the third from the last syllable. With **negative** commands, the pronouns are placed **in front of** the verb.

affirmative:	¡Levántate!	*Get up!*
negative:	¡No **te** levantes!	*Don't get up!*

D. Los mandatos plurales. As you may recall from *Capítulo 6*, in Latin America the formal plural commands (*ustedes*) may be used for friends and strangers alike. In Spain, however, the *ustedes* commands are used only for formal situations; to give commands and instructions to several friends or family members, the *vosotros* command is used. The affirmative *vosotros* command is formed by dropping the -*r* of the infinitive and adding -*d*. The negative *vosotros* commands are formed by first conjugating the verb in the *yo* form of the present tense and then by dropping the -*o* and adding -*éis* to -*ar* verbs and -*áis* to -*er* and -*ir* verbs.

Affirmative *vosotros* command	Negative *vosotros* command
¡Trabajad!	¡No trabajéis tanto!
¡Comed!	¡No comáis ahora!
¡Venid!	¡No vengáis tan temprano!

Ponerlo a prueba

A. Unas conversaciones con Marilú. Marilú va a dar una fiesta la próxima semana. Habla con varios amigos por teléfono y les da instrucciones. Completa sus comentarios a cada persona con un mandato informal. Escoge el verbo más lógico de la lista.

comprar	invitar	olvidarse (*to forget*)	traer
comprender	ir	pedir	venir
decir	llamar	prometer (*to promise*)	vestirse
insistir	llorar (*to cry*)		

1. Carmen, _____ a tu primo Jorge. Tengo una amiga que quiere conocerlo. Y, por

   favor, _____ a Laura y dile que traiga (*tell her to bring*) a su nuevo vecino.

2. Carlos, _____ tu nuevo disco compacto de Jon Secada. Sabes cuánto me gusta.

   Pero, por favor, no _____ en que todos escuchemos esos viejos tangos que tienes.

3. Antonio, _____ a la pastelería y _____ un pastel (*cake*) para treinta

   personas. Por favor, no _____ , para treinta personas.

4. Angélica, _____ a mi casa a las ocho. Así podrás ayudarme con los arreglos. Y, por favor, no le _____ nada a Verónica porque no voy a invitarla.

5. Rubén, _____ unos platos de papel en el supermercado; así no tendremos que lavar los platos. Y también, _____me que sacarás a mi prima a bailar.

6. ¿Verónica? Cálmate, chica, y por favor, no _____. Claro que estás invitada a mi fiesta.

B. Haciendo ejercicio. ¿Quieres ponerte en forma (*get into shape*)? Aquí tienes unos ejercicios que pueden ayudarte. Trabaja con tu compañero(a) de clase y completa las siguientes actividades.

1. Lee las instrucciones que siguen. Relaciona las instrucciones con el dibujo más apropiado.

Dale movimiento a tus brazos por 60 segundos. Párate derecha, con los pies ligeramente separados. Lleva ambos brazos (rectos) a un costado y luego al otro.	Tienes un minuto para poner ambas manos y pies sobre el suelo, y hacer tus planchas. Extiende bien las manos y mantén el cuerpo derecho al hacer las flexiones.	Párate en puntillas sobre el pie derecho, eleva el otro y flexiona la rodilla. Hazlo ahora con el pie izquierdo. Repite el ejercicio cuantas veces puedas durante 2 minutos.	Haz 30 segundos de ejercicios para relajarte. Lleva tu nariz lo más cerca posible de las rodillas (ligeramente dobladas). Deja que el peso de tus brazos y cabeza caiga con libertad.

_____   _____   _____   _____

 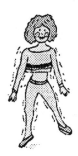   

a.   b.   c.   d.   e.

2. Ahora, cambia los infinitivos a mandatos informales y lee las instrucciones en voz alta.

a. **Separar** los pies y **subir** los brazos. **Bajar** la mano derecha hasta tocar el pie izquierdo, y vice versa. **Repetir** el ejercicio 30 veces.

b. **Marchar** en el mismo lugar por 30 segundos. **Comenzar** con el pie izquierdo y **flexionar** la rodilla derecha hasta llevarla a la altura del pecho. Luego, **cambiar** de pierna rápidamente, y **ejercitarse** otros 30 segundos.

c. **Tomar** unos 30 segundos para "respirar." **Acostarse** en el piso y **concentrarse** en relajar el cuerpo. **Inhalar** profundamente y **expulsar** el aire con lentitud.

d. **Correr** en el mismo lugar. **Tratar** de mantener el ritmo desde el principio hasta el final. **Contraer** los muslos al subir las piernas, para relajar la espalda.

3. ¿Cuáles son algunos de tus ejercicios favoritos? Escribe aquí las instrucciones, usando mandatos informales. Después, lee las instrucciones a tu compañero(a) para que él/ella haga el ejercicio.

_____

_____

_____

_____

_____

_____

_____

_____

_____

_____

_____

_____

CAPÍTULO 8
De compras

Por y para

Los usos de *por* y *para*.   Although the prepositions *por* and *para* are often translated into English as *for*, they are not interchangeable. Here are a few of their major uses, along with some common English equivalents.

Para is used in the following ways:

- with infinitives to express an objective or goal: *in order to*

Tengo que ir al Corte Inglés para comprar unos zapatos.	*I have to go to the Corte Inglés (in order) to buy some shoes.*
Para llegar a ser un gran diseñador, necesitas mucho talento y mucha suerte.	*In order to become a great designer, you need a lot of talent and a lot of luck.*

- with expressions of time (including dates, holidays, and special events) to indicate a deadline: *by, for*

¿Pueden ustedes arreglarme este traje para el lunes?	*Can you fix this suit for me by Monday?*
Ustedes tienen que entregar la composición para pasado mañana.	*You have to turn in the composition by the day after tomorrow.*
¿Qué le regalas a papá para su cumpleaños?	*What are you giving Dad for his birthday?*

- with the names of people, things, or entities to express an intended recipient or the intended use of a thing: *for*

Este regalo es para ti.	*This present is for you.*
Compré estas sillas para la cocina.	*I bought these chairs for the kitchen.*
Necesito unas tazas para té.	*I need some tea cups (cups for tea).*
Simón trabaja para el gobierno federal.	*Simón works for the federal government.*

Por is used in the following ways:

- with time expressions to indicate a period or span of time: *for*

El señor García trabajó en esa tienda por muchos años.	*Mr. García worked in that store for many years.*
Alquilaron esa casa por unos tres meses.	*They rented that house for around three months.*

- to express the notion of *in exchange for* or *in place of*: *for*

Verónica pagó $25 por esas gafas de sol.	*Verónica paid $25 for those sunglasses.*
Quisiera cambiar este suéter por otro de un color más claro.	*I would like to exchange this sweater for one in a lighter color.*

- to express the notion of *per*: *per, a*

  Las modelos de alta moda ganan más
  de veinticinco mil dólares por
  semana.

  *High fashion models earn more than $25,000
  per week.*

- with places or locations to express movement through or along: *through, along, beside*

  Yo caminaba por la calle cuando vi a
  Andrés.

  *I was walking along the street when I
  saw Andrés.*

  ¿Quieres dar una vuelta por el parque?

  Would you like to take a walk through the park?

Ponerlo a prueba

A. El collar de plata.   Aquí tienes un cuento sobre Andrés y el regalo especial que compró para su novia. Completa los espacios en blanco con *por* o *para*, según el significado.

Un día, cuando Andrés estaba caminando _____ el mercado de curiosidades, vio un collar (*necklace*) de plata muy viejo y elegante. "¡Ah!," pensó. "Eso sería el regalo ideal _____ Carmela".

Se acercó al vendedor y le preguntó: —¿Cuánto quiere usted _____ ese collar?

El vendedor bajó la cabeza y no dijo nada _____ varios largos segundos. Por fin contestó: —Ese collar era de mi querida esposa, que murió hace dos años. No se lo vendo _____ ningún dinero del mundo.

Andrés se quedó perplejo. —Ah, pues, siento mucho lo de su esposa, pero ¿por qué lo tiene usted aquí si no es _____ venderlo?

—Mire usted, joven. Compré ese collar _____ mi esposa el día que nos hicimos (*we became*) novios. Y nos trajo muy buena suerte. Estuvimos casados _____ unos 47 años antes de que...bueno, ya sabe usted. Ahora, lo tengo aquí sólo _____ acordarme (*remind me*) de ella. Pero, dígame usted, ¿_____ quién quiere comprar este collar?

—_____ mi novia Carmela. Vamos a casarnos en quince días y quería un regalo especial _____ el día de nuestra boda (*wedding*).

—¡Carmela! Así se llamaba mi querida esposa, también. —Después de una larga pausa, continuó—: Mire usted. En este caso, sí se lo vendo...y _____ un precio muy especial. Andrés compró el collar y se fue del mercado muy contento.

El viejo señor contempló al joven _____ varios minutos y, cuando estaba seguro de que el joven ya no volvía, sacó de su maletín un hermoso collar de plata, muy viejo y elegante....

B. Charlas.   Trabaja con tu compañero(a) de clase y contesta las siguientes preguntas oralmente. Observa bien los usos de *por y para.*

1. Los regalos: ¿Compras muchos regalos? ¿Para quiénes los compras con más frecuencia? ¿En qué ocasiones te gusta dar regalos? En tu opinión, ¿es necesario pagar mucho por un buen regalo? ¿Qué regalos se pueden comprar por poco dinero?

2. Los estudios: ¿Para qué clases tuviste que estudiar más este semestre? ¿Para qué clases tuviste que escribir muchos informes? En general, ¿cuántas horas estudias por semana? ¿Por cuántas horas estudiaste para tu último examen? ¿Qué se debe hacer para tener éxito en los cursos universitarios?

3. El trabajo: ¿Cuál fue tu primer empleo? ¿Por cuánto tiempo trabajaste allí? ¿Cuánto te pagaban por hora? ¿Dónde piensas trabajar el próximo verano? ¿Cuánto te gustaría ganar por semana? En tu opinión, ¿es mejor trabajar para un hombre o para una mujer? ¿Por qué?

CAPÍTULO 9
¡Así es la vida!

El subjuntivo en cláusulas adjetivales

A. Las cláusulas adjetivales. In this chapter you learned that the subjunctive is often used after verbs that express wishes and wants, feelings, and doubt. In all these cases, the sentences contain a noun clause and follow a particular pattern.

	subject	+ verb	+ *que*	+ subject	+ verb
(wishes/wants)	Eliana no	quiere	que	su hija	**se case** con Rolando.
(feelings/emotions)	Ella	tiene miedo de	que	él	**sea** un don Juan.
(doubt/denial)	Ella	duda	que	él	**ame** de verdad a su hija.

There is, however, another pattern in which the subjunctive is sometimes used:

noun   +   *que*   +   verb

Claudia debe casarse con un **hombre**	**que**	**sea** más responsable.
Claudia should marry a man	*who*	*is more responsible.*
Los Gardiol buscan una **casa**	**que**	**esté** cerca de la universidad.
The Gardiols are looking for a house	*that*	*is near the university.*

Sentences that follow such a pattern are said to have an **adjective clause**.

B. El subjuntivo en las cláusulas adjetivales. The subjunctive is used in adjective clauses whenever the clauses describe a person, place, or thing that is **nonspecific, hypothetical,** or **nonexistent**.

Necesitamos una secretaria que **hable** japonés.

(We need any secretary with that talent; we have no one specific in mind.)

Quiero encontrar un puesto que **ofrezca** oportunidades para viajar.

(I would like a job that offers such a possibility, but I don't know of any for certain; it is hypothetical.)

No hay nadie que **trabaje** tanto como Elisondo.

(There is no one who works harder; that kind of person does not exist.)

On the other hand, sentences that follow this pattern do **not** use the subjunctive when the clauses describe persons, places, or things that are **specific** or **known** to the person speaking:

Tenemos una secretaria que **habla** francés y alemán.

(We already have such a person; the adjective clause describes a specific person.)

Aquí hay dos anuncios para puestos que **ofrecen** buenos beneficios.

(The ads refer to known, specific jobs that offer good benefits.)

Ponerlo a prueba

A. Frustraciones y esperanzas. Lee los siguientes diálogos y completa los espacios en blanco con el presente del indicativo o el presente del subjuntivo, según el caso.

1. —¿Qué te pasa, Graciela? Parece que estás muy triste.

   —Sí, creo que voy a romper con Luis.

   —Pero, ¿por qué? Luis es un hombre que te (amar) _____ mucho y que te (poder)

   _____ ofrecer todo lo mejor de la vida.

   —Sí, sé que él es muy serio y responsable. Pero yo quiero casarme con un hombre que (ser)

   _____ más romántico, uno que me (traer) _____ flores y que me (llevar)

   _____ a lugares exóticos.

   —¡Ay, Graciela! Te estás portando (*You are behaving*) como una adolescente de dieciséis años.

2. —Acabo de enterarme de que dejas (*you are leaving*) la compañía, Eduardo. ¿Ya tienes otro

   puesto?

   —Sí, Alicia, y es maravilloso. Es con una compañía que (tener) _____ muy buena re-

   putación en sistemas electrónicos. Además, me han dado (*have given*) un puesto que (ofrecer)

   _____ buenas posibilidades de ascenso (*promotion*).

   —¡Qué buena suerte! Algún día, yo también espero irme de aquí. Quiero trabajar para una com-

   pañía que (estar) _____ más cerca de la casa de mi mamá. También, sueño con

   (*dream about*) tener mi propia oficina, una que yo no (tener) _____ que compartir

   con nadie.

   —Mira, Alicia, en mi nueva compañía, sé que buscan un contador que (saber) _____

   usar computadoras. ¿Por qué no solicitas el puesto?

B. Pensando en el futuro. ¿Cuáles son tus sueños (*dreams*) y esperanzas para el futuro? Primero, completa las siguientes frases; usa el presente del indicativo o el presente del subjuntivo, según el caso. Después, compara tus respuestas con las de tu compañero(a) de clase.

1. Ahora, vivo en (un lugar / una ciudad) que _____

   _____ .

   Algún día, quiero vivir en (un lugar / una ciudad) que _____

   _____ .

2. Ahora, vivo en (una residencia / una casa / un apartamento) que _____

_____.

En el futuro, espero tener (una casa / un apartamento) que _____

_____.

3. Con respecto al trabajo, prefiero un puesto que _____

_____.

No quiero un puesto que _____

_____.

4. (opcional) Quiero casarme (con un hombre / una mujer) que _____

_____.

No quiero casarme con un (hombre / una mujer) que _____

_____.

Answer Key
to
Repasemos Exercises

CAPÍTULO 1
¡Así somos!

A. Las compras por correo.

1. setenta y cinco dólares, noventa y nueve centavos
2. ciento diez y ocho dólares, treinta centavos
3. quince dólares, sesenta y cuatro centavos
4. ciento cincuenta y cinco dólares, sesenta y tres centavos
5. veinte y siete dólares, diez centavos

B. Conversaciones.

1. yo, mi, tú; su, Su, Ella, sus
2. Ellos, mis, sus
3. ustedes; Nosotros, Nuestra, nuestros, ellos

C. Manolito.

soy; tengo; asisto; aprendemos; practicamos; es; lee; está; vivimos; somos

D. En la entrevista.

1. ¿Cómo te llamas?
2. ¿De dónde eres?
3. ¿Tienes hermanos?
4. ¿Qué estudias este semestre?
5. ¿Cuáles son tus clases favoritas?
6. ¿Dónde vives?
7. ¿Qué te gusta hacer en tu tiempo libre?
8. ¿Cuál es tu música favorita?

CAPÍTULO 2
¡De viaje!

A. ¿Qué hora es?

1. Son las siete y media de la tarde.
2. Son las diez menos diez de la mañana.
3. Es la una y cuarto de la madrugada.
4. Son las once menos cuarto de la noche.
5. Son las cuatro menos veinticinco de la tarde.

B. Nuestros cumpleaños.

1. el treinta de mayo
2. el siete de diciembre
3. el veintinueve de marzo
4. el once de septiembre
5. el doce de junio
6. el primero de agosto
7. el dieciséis de octubre
8. el dos de abril

C. ¿Cuánto cuesta?

1. ochenta millones de pesetas
2. veinte y dos mil ochocientos dólares
3. ocho mil setecientos cincuenta pesos
4. tres mil ciento treinta córdobas
5. cuarenta y cinco mil novecientos pesos mexicanos
6. seis millones de pesos argentinos
7. cien mil liras italianas
8. novecientos cincuenta mil sucres

D. En Cuernavaca.

va; ocupar; está; tiene; acampan; toman; ver; hacer; tengo que / Quisiera (quisiera / Tengo que)

CAPÍTULO 3
Entre familia

A. Fotos de una fiesta de familia.

esas; Este; esa; más alta que; menor que; esos; rubia; abuelo; mejor; grises; hermanastro; esta; jóvenes; ideal; trabajadora; alegre; optimista; extrovertido; la amiga más simpática; el hermano más cariñoso

B. En la casa de verano.

es; está; es; está; está; son; están; somos; estoy; estamos

C. Conversaciones.

1. duermes; dices
2. prefieren; puedo

3. Conoces; salimos
4. hago; pones; vuelve; trae

CAPÍTULO 4
¡Buen provecho!

A. Cuando mi hermanito prepara la comida.

tiene; gusta; tenemos; cocina; se acuerda; queremos; dice; puede; se olvida; pone; beben; sirve; sabe; pierde; va; deja

B. A la hora de comer.

1. José recomienda el pollo pero sus hermanos prefieren comer el pescado.
2. Nosotros servimos el almuerzo a las doce pero ustedes sirven el almuerzo a las dos.
3. Yo quiero probar el postre porque Antonia siempre sirve pasteles ricos.

4. Uds. traen el vino pero Julio nunca trae nada.
5. Papá pide la langosta mientras que nosotros pedimos la paella.

C. Una fiesta de aniversario.

pido; recomienda; prefiero; servir; almorzamos; abren; cierra; trae; damos

D. De compras.

1. me gusta; te gusta
2. les gusta
3. le gustan

4. nos gustan
5. me gustan

E. Las quejas.

1. tenemos sueño
2. tienen calor
3. Tengo miedo

4. tengo sed
5. tener hambre

CAPÍTULO 5
En la universidad

A. De costumbre.

1. Mi compañera y yo nos despertamos a las siete.
2. Me ducho todos los días porque tengo que lavarme el pelo.
3. Me visto rápido.
4. Mi primera clase empieza a las ocho.
5. Mi compañera prefiere bañarse antes que nada.
6. Después ella se viste y se pinta.
7. Yo me maquillo poco.
8. Ella se lava los dientes por la mañana y por la noche.
9. Yo prefiero lavarme los dientes después de comer.
10. Y tú, ¿con qué frecuencia te lavas los dientes?
11. Nuestras vecinas se divierten los fines de semana.
12. Nosotras queremos divertirnos también.
13. ¿Por qué se acuestan ustedes tan tarde?
14. Yo me acuesto tarde también.
15. Los sábados nadie tiene que levantarse temprano.

B. En busca de trabajo.

salí; pasó; perdí; fue; me preocupé; me fui; llegué; presentó; entramos; nos sentamos; hizo; expliqué; conversamos; vieron; hablaron; llamó; ofreció; empecé

C. ¿Qué hiciste ayer?

1. ¿A qué hora te despertaste?   Me desperté a las siete.
2. ¿Dónde comiste el desayuno?   Comí en la cafetería.
3. ¿Cuándo conociste a tu compañera de cuarto?   Nos conocimos por la mañana.
4. ¿Cómo llegaron ustedes a las clases?   Llegamos en autobús.

5. ¿A cuántas clases asististe?   Asistí a cuatro.
6. ¿Qué hiciste después?   Estudié.
7. ¿Adónde fueron ustedes anoche?   Fuimos a un concierto.
8. ¿Quién cantó y tocó?   El coro cantó y unas bandas tocaron.

CAPÍTULO 6
Problemas y diversiones en la ciudad

A. En Granada.

consulté; consulte usted
comimos; coman ustedes
fuimos; vayan ustedes
vi; vea usted

saqué; saque usted
subimos; suban ustedes
salimos; salgan ustedes

B. Me duele todo el cuerpo.

1. Me duele la garganta.
2. Les duele el estómago.
3. Me duelen los ojos.

4. Les duelen los dientes.
5. Le duelen los pulmones.
6. Nos duelen las manos.

C. Mal de turista.

sufrí; averiguó; salimos; llamé; nos subimos; cerré; continuó; dobló; llegamos; vi; me sentí

CAPÍTULO 7
¡A divertirnos!

A. El aniversario de los abuelos Ortega. *Answers will vary; only appropriate verb forms are included here:*

1. dormí
2. consiguieron
3. se vistió
4. vino
5. dijeron

6. trajiste
7. pedí
8. puso
9. estuve
10. prefirieron

B. Unos recuerdos.

Tenía; Era; Era; Jugaba; estaba; era; Se veía; se divertía; permitían; quería; era; contaba; corrían; Había; iba; sabían; estaba; decía; se dormía; tenían; encontraban; se reían; pasaban

C. Mi primer día en la universidad.

recibí; Estaba; pasamos; acompañaron; Llegamos; Hacía; Fuimos; entré; había; era; tenía; ayudó; saqué; hizo; nos sentamos; hablábamos; llamó; abrí; nos conocimos; pareció; dijo; contesté; me sentía; Sabía; iba

CAPÍTULO 8
De compras

A. ¿Cuál te gusta más?

1. Me gustan ésas.
2. Me gustan ésos.
3. Me gusta ésta.

4. Me gustan éstos.
5. Me gusta ésa.

B. En la boda.

1. A la novia le queda bien su traje.
2. A todos les parecen elegantes los novios.
3. A los invitados les gusta la música.
4. A la novia le encantan los regalos.

5. ¿Cómo te quedan esos zapatos nuevos?
6. Me encantan los aperitivos.
7. A todos los invitados les parece un acontecimiento especial.

C. Historias de compras.

1. La primera vez que fui de compras, quería comprar unas camisetas. Tenía que comprarlas con mi propio dinero. Saqué el dinero del banco y lo puse en mi bolsillo, pero cuando llegué a la tienda no lo tenía. Vi las camisetas allí, pero no pude comprarlas.

2. En el escaparate de "Galerías Preciados" había varias chaquetas de cuero que me gustaban. Quería probarme la chaqueta negra. La dependiente la sacó del escaparate. Me la probé. Pero decidí no comprarla porque me quedó pequeña. La dependiente me dijo que en "Galerías" no vendían las chaquetas en mi talla pero en "Corte Inglés" sí, las vendían.

3. ¡Qué horror! Como íbamos a la playa de vacaciones, decidí buscar un nuevo traje de baño. Lo busqué en varias tiendas del centro comercial. No lo encontré en ninguna parte. Por fin tuve que pedirlo de un catálogo.

D. Diálogos.

1. Me; lo; decirle; te
2. comprarle; nos; te; le; Me; leerlo
3. me; te; comprarles

CAPÍTULO 9
¡Así es la vida!

A. Por teléfono.

1. ...que sean muy felices.
2. ...que encuentre otro puesto pronto.
3. ...que Uds. no puedan acompañarnos.
4. ...que no le digas nada.
5. ...que saques B en el curso.
6. ...que me den otro.
7. ...que (yo) vaya /(nosotros) vayamos a su casa en el campo.
8. ...que (ella) haga una cosa tan loca.
9. ...que esté abierto los domingos.
10. ...que no me llames a estas horas.

B. Planes para una boda.

1. Estoy muy contenta de que sea mi mejor amigo.
2. Es bueno que nos conozcamos bien.
3. Es verdad que vamos a vivir en una casa nueva.
4. No creo que haya suficiente dinero para la boda.
5. Es importante que toda mi familia venga a la boda.
6. Me encanta que tengamos reservaciones para viajar a Mazatlán para nuestra luna de miel.
7. Ojalá que salgamos de viaje inmediatamente después de la recepción.
8. Nos prohiben que llevemos cuatro maletas.
9. Dudo que durmamos bien en el avión.
10. Me molesta que Ricardo vuelva a su trabajo en dos semanas.

C. En los cumpleaños.

1. ¿Por qué nos las regalaron?
2. ¿Cuándo piensas dármelos?
3. ¿Cuándo se los compraron?
4. ¿Por qué quiere dártelas?
5. ¿Cuándo se lo regalaron ustedes?